ORBIS BIBLICUS ET ORIENTALIS

Publié au nom de l'Institut Biblique de l'Université de Fribourg, Suisse
et du Seminar für Biblische Zeitgeschichte
de l'Université de Münster
par Othmar Keel
avec la collaboration
de Bernard Trémel et d'Erich Zenger

Notice biographique:

Pierre Cherix, né à Bex (Suisse) en 1946. Après le baccalauréat de
philosophie (Lyon, France) étudie la théologie à l'Université de Lausanne et le copte à l'Université de Genève. Suit pendant deux ans
les cours de l'Ecole Biblique et Archéologique Française de Jérusalem
et obtient le diplôme de cette école (1974) sur présentation d'un
mémoire intitulé: «Etude de lexicographie copte. Chenouté: le discours en présence de Flavien», paru en 1979 dans les Cahiers de la
Revue Biblique. Assistant à l'Institut des sciences bibliques de l'Université de Lausanne de 1975 à 1978. Participe, en qualité d'épigra-
phiste, aux fouilles de l'Université de Genève effectuées sur le site
monastique copte des Kellia (1976 et 1977). Membre de l'Institut
Suisse de Rome de 1978 à 1980. Actuellement boursier du Fonds
national suisse de la recherche scientifique, il prépare une thèse sous
la direction du Père H. Quecke, professeur au Pontificium Institutum
Biblicum de Rome.

ORBIS BIBLICUS ET ORIENTALIS   47

PIERRE CHERIX

LE CONCEPT
DE NOTRE GRANDE PUISSANCE
(CG VI, 4)

Texte, remarques philologiques, traduction et notes

ÉDITIONS UNIVERSITAIRES FRIBOURG SUISSE
VANDENHOECK & RUPRECHT GÖTTINGEN
1982

PJ
2187
.C53
1982

CIP-*Kurztitelaufnahme der Deutschen Bibliothek*

Cherix, Pierre:

Le Concept de Notre Grande Puissance (CG VI, 4);
texte, remarques philolog., trad. et notes / Pierre Cherix.
Fribourg Suisse: Editions Universitaires;
Göttingen: Vandenhoeck und Ruprecht, 1982.

(Orbis biblicus et orientalis; 47)
ISBN 2-8271-0229-3 (Editions Universitaires)
ISBN 3-525-53666-6 (Vandenhoeck und Ruprecht)

Publié avec l'aide du Fonds national suisse
de la recherche scientifique

Tirage: 700 exemplaires

T A B L E   D E S   M A T I E R E S

A V A N T - P R O P O S

Toute ma gratitude va au R.P. Hans Quecke, professeur au *Pontificium Institutum Biblicum* de Rome, qui a accepté de diriger ma recherche et qui n'a cessé de m'encourager en me prodiguant les meilleurs conseils. Je voudrais dire également ma reconnaissance aux Professeurs H.M.Schenke et R. Kasser qui m'ont transmis des renseignements précieux, ainsi qu'aux Professeurs P.Bonnard, J.-D.Kaestli et B.Layton qui ont bien voulu relire mon manuscrit et me faire part de leurs remarques. Enfin, mes remerciements vont aux professeurs de l'Institut des sciences bibliques de l'Université de Lausanne et au Directeur de cet Institut, le Professeur S.Amsler, qui ont jugé avec bienveillance le contenu de ce mémoire.

Rome, automne 1979.

OUVRAGES CITES

AP = C.SCHMIDT, *Acta Pauli aus der Heidelberger koptischen Papyrushand-schrift n.1*, Leipzig, 1904.

ARTHUR, *Gospel of Thomas* = R.L.ARTHUR, *The Gospel of Thomas and the Coptic New Testament (Diss.Fac.Grad.Theol.Union Berkeley)*, Berkeley, 1976.

CHERIX, *Lexicographie* = P.CHERIX, *Etude de lexicographie copte: Chenouté. Le discours en présence de Flavien (les noms et les verbes)(Cahiers de la Revue Biblique, 18)*, Paris, 1979.

CRUM, *Dict.* = W.E.CRUM, *A Coptic Dictionary*, Oxford, 1939.

DRESCHER, *Postscript* = J.DRESCHER, *Graeco-coptica: Postscript*, dans *Le Muséon*, 89, 1976, pp.307-321.

EDEL, *Neues Material* = E.EDEL, *Neues Material zur Herkunft der Auslautenden Vokale -e ind -i im Koptischen*, dans *Zeitschrift für Ägyptische Sprache*, 86, 1961, pp.103-106.

FECHT, *Evangelium Veritatis* = G.FECHT, *Der erste 'Teil' des sogenannten Evangelium Veritatis (S.16,31-22,20)*, dans *Orientalia*, 30, 1961, pp.371-390; 31, 1962, pp.85-119 et 32, 1963, pp.289-335.

FISCHER, *Der Gedanke* = K.M.FISCHER, *Der Gedanke unserer grossen Kraft*, dans *Theologische Literaturzeitung*, 98, 1973, cc.169-176.

FUNK, *Apok.Jak.* = W.P.FUNK, *Die Zweite Apokalypse des Jakobus aus Nag-Hammadi-Codex V*, Berlin, 1976.

FUNK, *Morphology* = W.P.FUNK, *Toward a Synchronic Morphology of Coptic*, dans *The Future of Coptic Studies (Cotpic Studies, 1)*, Leiden, 1978, pp.104-124.

Facsimile NHC = *The Facsimile Edition of the Nag Hammadi Codices*. Published under the Auspices of the Department of Antiquities of the Arab Republic of Egypt in conjunction with the UNESCO. *Codex VI*, Leiden, 1972.

HAARDT, *Miszellen* = R.HAARDT, *Koptologische Miszellen*, dans *Wiener Zeitschrift für die Kunde des Morgenlandes*, 57, 1961, pp.78-101.

HAARDT, *Bemerkungen* = R.HAARDT, *Weitere Bemerkungen zum präteritalen Relativum '-'r(ϵp-)*, dans *Wiener Zeitschrift für die Kunde des Morgenlandes*, 62, 1969, pp.30-31.

HIPP., *Ref.* = HIPPOLYTE (?), *Refutatio omnium haeresium*, herausgegeben von P. WENDLAND *(Griechischen Christlichen Schriftsteller, Bd.26)*, Leipzig, 1916.

Jn = H.THOMPSON, *The Gospel of St.John according to the earliest Coptic manu‹ cript (Publications of the Egyptian Research Account and British School of Archeology in Egypt, 36)*, Londres, 1924.

KAHLE, *Bala'izah* = P.E.KAHLE, *Bala'izah. Coptic Texts from Deir el-Bala'izah in Upper Egypt*, Londres, 1954.

KASSER, *PBodmer 6* = *Papyrus Bodmer VI. Livre des Proverbes*. Edité par R. KASSER *(Corpus Scriptorum Christianorum Orientalium. Scriptores Coptici, tomus 27)*, Louvain, 1960.

KASSER, *PBodmer 16* = *Papyrus Bodmer XVI. Exode I-XV,21 en sahidique*. Publié par R.KASSER, Cologny-Genève, 1961.

KASSER, *PBodmer 18* = *Papyrus Bodmer XVIII. Deutéronome I-X,7 en sahidique*. Publié par R.KASSER, Cologny-Genève, 1962.

KASSER, *PBodmer 19* = *Papyrus Bodmer XIX. Evangile de Matthieu XIV,28-XXVIII, 20. Epître aux Romains I,1-II,3 en sahidique*. Publié par R.KASSER, Cologny Genève, 1962.

KASSER, *PBodmer 21* = *Papyrus Bodmer XXI. Josué VI,16-25, VII,6-XI,23, XXII,1‹ 2,19-XXIII,7,15-XXIV,23 en sahidique*. Publié par R.KASSER, Cologny-Genève 1962.

KASSER, *PBodmer 22* = *Papyrus Bodmer XXII et Mississippi Coptic Codex II. Jérémie XL,3-LII,34. Lamentations. Epître de Jérémie. Baruch I,1-V,5 en sahidique*. Publié par R.KASSER, Cologny-Genève, 1964.

KASSER, *PBodmer 23* = *Papyrus Bodmer XXIII. Esaïe XLVII,1-LXVI,24 en sahidique‹* Publié par R.KASSER, Cologny-Genève, 1965.

KASSER, *PLond.98* = R.KASSER, *Papyrus Londiniensis 98 (The Old Coptic Horoscope) and Papyrus Bodmer VI*, dans *Journal of Egyptian Archeology*, 49, 1963, pp.157-160.

KICKASOLA, *Negations Patterns* = J.KICKASOLA, *Sahidic Coptic (N-)..AN Negations Patterns: A morpho-syntactic Description of Sentences and Adjuncts (Brandeis University, Ph.D.1975)*, Ann Arbor (Michigan), 1975.

KRAUSE-LABIB, *Apokr.Joh.* = *Die drei Versionen des Apokryphon des Johannes im Koptischen Museum zu Alt-Kairo*, herausgegeben von M.KRAUSE und P.LABIB *(Abhandlungen des Deutschen Archäologischen Instituts Kairo. Kopt.Reihe, Bd.1)*, Wiesbaden, 1962.

KRAU.LAB. = KRAUSE-LABIB, *Gnost.und herm.Schriften* = M.KRAUSE und P.LABIB, *Gnostische und hermetische Schriften aus Codex II und Codex VI (Abhandlungen des Deutschen Archäologischen Instituts Kairo. Kopt.Reihe, Bd.2)*, Glückstadt, 1971.

LAYTON, *Text and Orthography* = B.LAYTON, *The Text and Orthography of the Coptic Hypostasis of the Archons (CG II,4 Kr)*, dans *Zeitschrift für Papyrologie und Epigraphik*, 11, 1973, pp.173-200.

LAYTON, *Hypostasis* = B.LAYTON, *The Hypostasis of the Archons*, dans *Harvard Theological Rewiew*, 67, 1974, pp.351-425 et 69, 1976, pp.31-101.

LÜDEMANN, *Untersuchungen* = G.LÜDEMANN, *Untersuchungen zur simonianischen Gnosis (Göttinger Theologische Arbeiten, Bd.1)*, Göttingen, 1975.

MAHE, *Hermès* = J.P.MAHE, *Hermès en Haute-Egypte. Les textes hermétiques de Nag Hammadi et leurs parallèles grecs et latins. Tome 1 (Bibliothèque copte de Nag Hammadi, section textes, 3)*, Québec, 1978.

ManiH = *Manichäische Homilien (Manichäische Handschriften der Sammlung A.Chester Beatty, Bd.1)*, herausgegeben von H.J.POLOTSKY, mit einem Beitrag von H.IBSCHER, Stuttgart, 1934.

ManiK = *Kephalaia (Manichäische Handschriften der Staatischen Museen Berlin, Bd.1)*, herausgegeben von H.J.POLOTSKY und A.BÖHLIG, mit einem Beitrag von H.IBSCHER, Stuttgart, 1940.

ManiP = *A Manichean Psalm-Book (Manichean Manuscripts in the Chester Beatty Collection, Vol.2, Part 2)*, edited by C.R.ALLBERRY, with a Contribution by H.IBSCHER, Stuttgart, 1938.

MENARD, *Rassemblement* = J.E.MENARD, *Le "rassemblement" dans le Nouveau Testament et la gnose*, dans *Studia Evangelica, VI (Texte und Untersuchungen, 112)*, Berlin, 1973, pp.366-371.

MENARD, *Thomas* = J.E.MENARD, *L'Evangile selon Thomas (Nag Hammadi Studies, 5)*, Leiden, 1975.

NAGEL, *Dialekt von Theben* = P.NAGEL, *Der frühkoptische Dialekt von Theben*, dans *Koptologische Studien in der DDR (Wissenschaftliche Zeitschrift der Martin-Luther-Universität Halle-Wittenberg, Sonderheft)*, Halle (Salle), 1965, pp.30-49.

NAGEL, *Grammat.Untersuch.* = P.NAGEL, *Grammatische Untersuchungen zu Nag Hammadi Codex II*, dans F.ALTHEIM und R.STIEHL, *Die Araber in der Alten Welt 5,2*, Berlin, 1969, pp.393-469.

NAGEL, *Relativsatz* = P.NAGEL, *Marginalia Coptica (II. Zum substantivierten Relativsatz)*, dans *Wissenschaftliche Zeitschrift der Martin-Luther-Universität Halle-Wittenberg (Gesellschaft und Sprachliche Reihe, 22, Heft 6)*, 1973, pp.117-121.

NH Library = *The Nag Hammadi Library in English*. Translated by Members of the Coptic Gnostic Library Project of the Institute for Antiquity and Christianity, J.M.ROBINSON Director, Leiden, 1977.

ORLANDI, *Traduzione* = T.ORLANDI, *La Traduzione copta di Platone, Resp.IX, 588b-589b: Problemi critici ed exegetici*, dans *Atti della Accademia Nazionale dei LINCEI*, Roma, 1977.

OSING, *Nominalbildung* = J.OSING, *Die Nominalbildung des Ägyptischen (Abteilung des Deutsches Archäologisches Instituts Kairo)*, 2 vols. Maïence, 1976.

POLOTSKY, *Conjugation System* = H.J.POLOTSKY, *The Coptic Conjugation System*, dans *Orientalia*, 29, 1960, pp.392-422; *Papers*, pp.238-268.

POLOTSKY, *Lautlehre II* = H.J.POLOTSKY, *Zur koptische Lautlehre II*, dans *Zeitschrift für Ägyptische Sprache*, 69, 1933, pp.125-129; *Papers*, pp. 358-362.

POLOTSKY, *Manichäismus* = H.J.POLOTSKY, *Manichäismus*, dans *Pauly-Wissova Real-Encyclopädie*, Suppl.VI, Stuttgart, 1935, pp.240-271; *Papers*, pp. 699-714.

POLOTSKY, *Neugestaltung* = H.J.POLOTSKY, *Zur Neugestaltung der koptischen Grammatik*, dans *Orientalische Literaturzeitung*, 56, 1959, cc.453-460; *Papers*, pp.234-237.

POLOTSKY, *Nominalsatz* = H.J.POLOTSKY, *Nominalsatz und Cleft Sentence im Koptischen*, dans *Orientalia*, 31, 1962, pp.413-430; *Papers*, pp.418-435.

POLOTSKY, *Papers* = *Collected Papers* by H.J.POLOTSKY, Jérusalem, 1971.

POLOTSKY, *Plural Article* = H.J.POLOTSKY, *The 'Weak' Plural Article in Bohairic*, dans *The Journal of Egyptian Archeology*, 54, 1968, pp.243-245.

POLOTSKY, *Till* = H.J.POLOTSKY, *Review of TILL, Koptische Grammatik*, dans *Orientalische Literaturzeitung*, 52, 1957, cc.219-234; *Papers*, pp.226-233.

QUECKE, *Bibelhandschrift II* = H.QUECKE, *Eine neue koptische Bibelhandschrift II*, dans *Orientalia*, 46, 1977, pp.300-303.

QUECKE, *Briefe Pachoms* = H.QUECKE, *Briefe Pachoms in koptischer Sprache. Neue deutsche Übersetzung*, dans *Zetesis* (Mélanges Em. de Strijker), Anvers, 1973, pp.655-663.

QUECKE, *Ein Brief* = H.QUECKE, *Ein Brief von einem Nachfolger Pachoms (Chester Beatty Library Ms.Ac.1486)*, dans *Orientalia*, 44, 1975, pp.426-433.

QUECKE, *Lukasevangelium* = H.QUECKE, *Das Lukasevangelium saïdisch. Text der Handschrift PPalau Rib. Inv.-Nr.181 mit den Varianten der Handschrift M 569*, Papyrologica Castroctaviana, Barcelone, 1977.

QUECKE, *Markusevangelium* = H.QUECKE, *Das Markusevangelium saïdisch. Text der Handschrift PPalau Rib. Inv.-Nr.182 mit den Varianten der Handschrift M 569*, Papyrologica Castroctaviana, Barcelone, 1972.

QUECKE, *Rez.Krause-Labib* = H.QUECKE, *Rezension von KRAUSE-LABIB, Gnostische und hermetische Schriften*, dans *Orientalia*, 42, 1973, pp.530-534.

QUECKE, *Sein Haus* = H.QUECKE, *Sein Haus seines Königreiches. Zum Thomasevangelium 85,9f*, dans *Le Muséon*, 76, 1963, pp.47-53.

RAHLFS, *Berliner Psalter* = A.RAHLFS, *Die Berliner Handschrift des sahidischen Psalters (Abhandlungen der Königlichen Gesellschaft der Wissenschaften zu Göttingen. Philol.-hist. Klasse, 4)*, Berlin, 1901.

SCHMIDT-MACDERMOT, *Bruce Codex* = C.SCHMIDT, V.MACDERMOT, *The Books of Jeu and the Untitled Text in the Bruce Codex (Nag Hammadi Studies, 13)*, Leiden, 1978.

SCHENKE, *Tractatus Tripartitus* = H.M.SCHENKE, *Zum sogenannten Tractatus Tripartitus des Codex Jung*, dans *Zeitschrift für Ägyptische Sprache*, 105, 1978, pp.133-141.

SHISHA-HALEVY, *Akhmimoïd Features* = A.SHISHA-HALEVY, *Akhmimoïd Features in Shenute's Idiolect*, dans *Le Muséon*, 89, 1976, pp.353-366.

SHISHA-HALEVY, *Bohairic* ⲧⲱⲟⲩⲛ = A.SHISHA-HALEVY, *Bohairic* ⲧⲱⲟⲩⲛ (ⲧⲱⲛ⸗): *A Case of Lexemic Grammaticalisation*, dans *Enchoria*, 7, 1977, pp.109-113.

SHISHA-HALEVY, *Protatic* ⲉϥⲥⲱⲧⲙ̅ = A.SHISHA-HALEVY, *Protatic* ⲉϥⲥⲱⲧⲙ̅ : *A hitherto Unnoticed Coptic Tripartite Conjugation-Form and Its Diachronic Connections*, dans *Orientalia*, 43, 1974, pp.369-381 et 46, 1977, pp.127-128.

STERN, *Kopt.Gramm.* = L.STERN, *Koptische Grammatik*, Leipzig, 1880.

TILL, *Achmim.Gramm.* = W.TILL, *Achmimisch-koptische Grammatik*, Leipzig, 1928.

TILL, *PBerol.8502* = W.TILL, *Die gnostischen Schriften des koptischen Papyrus Berolinensis 8502. Zweite erweiterte Auflage bearbeitet von H.M.SCHENKE (Texte und Untersuchungen 60²)*, Berlin, 1972.

TILL, *Dialektgramm.* = W.TILL, *Koptische Dialektgrammatik.* 2.neugestaltete Auflage, München, 1961.

TILL, *Gramm.* = W.TILL, *Koptische Grammatik (Saïdischer Dialekt).* 3.verb. Auflage *(Lehrbücher für das Studium der orientalischen und afrikanischen Sprachen 1,* Leipzig, 1966). 1.Auflage 1955.

TRÖGER, *Hermetic Documents* = K.W.TRÖGER, *On investigating the Hermetic Documents contained in Nag Hammadi Codex VI. The Present State of Research,* dans *Nag Hammadi and Gnosis (Nag Hammadi Studies, 14),* Leiden, 1978, pp.117-121.

VERGOTE, *Dialecte P* = J.VERGOTE, *Le Dialecte copte P (P.Bodmer VI: Proverbes). Essai d'identification,* dans *Revue d'Egyptologie,* 25, 1973, pp.50-57.

WISSE, *Heresiologists* = F.WISSE, *NH Library and the Heresiologists,* dans *Vigiliae Christianae,* 25, 1971, pp.205-223.

ZANDEE, *Deviations* = J.ZANDEE, *Deviations from standardized Sahidic in "The Teachings of Silvanus" (NH Codex VII,4),* dans *Le Muséon,* 89, 1976, pp.367-381.

INTRODUCTION

1. LE TEXTE

Le présent texte intitulé *La Perception intelligente; Le Concept de Notre Grande Puissance*[1] est le quatrième écrit du codex VI de la bibliothèque copte de Nag Hammadi *(Cairensis Gnosticus VI)* découvert en 1945 déjà, et conservé depuis 1952 au Musée Copte du Caire[2]. Ecrit en copte sur papyrus, vraisemblablement dans la seconde moitié du IVe siècle[3], il court sur les feuillets 36:1 à 48:15 du manuscrit. La première édition imprimée du texte et de sa traduction a été réalisée en 1971 par les soins de M.Krause et P.Labib[4]. Ce n'est qu'à partir de 1972, date de la publication de l'édition photographique du codex VI par un comité international, réalisée sous les auspices de la R.A.E. et de l'UNESCO, que le texte de CG VI,4 est directement accessible[5]. En 1973 une deuxième traduction en langue allemande est parue, publiée par

---

1 Ou *Le Concept de la Grande Puissance*, v.infra, traduction, note 1.

2 Sur le contenu du codex VI, cf.MAHE, *Hermès*, pp.13-15; cf.aussi TRÖGER, *Hermetics Documents*.

3 Cf.*NH Library*, pp.15-16; MAHE, *Hermès*, pp.11-12; Quant à l'allusion à l'hérésie anoméenne comme fondement de la datation, v.infra, traduction, note 56.

4 Cf.KRAUSE-LABIB, *Gnost.und herm.Schriften*, pp.150-165.

5 *The Facsimile Edition of the Nag Hammadi Codices.* Published under the Auspices of the Department of Antiquities of the Arab Republic of Egypt in conjunction with the UNESCO. *Codex VI*, Leiden, 1972. C'est sur l'édition photographique du codex, et non sur le manuscrit lui-même, que se fonde le présent travail.

K.M.Fischer, membre du *Berliner Arbeitskreis für koptisch-gnostische Schriften* mais préparée avant la parution de l'*editio princeps* de M.Krause et P.Labib. En 1977, une traduction anglaise élaborée par F.Wisse[2], et accompagnée de l'ensemble des traductions des différents textes composant la bibliothèque de Nag Hammadi, est venue s'ajouter aux travaux antérieurs. CG VI,4 n'étant pas encore traduit en français, nous avons cru bon d'accompagner la présente traduction d'une présentation critique du texte lui-même, dans le but de justifier certaines options parfois nouvelles.

2. LA LANGUE DU TEXTE

Les différences parfois profondes qui, en certains passages, distinguent les diverses traductions du texte de CG VI,4 parues jusqu'ici, ne sont pas pour rassurer le lecteur peu familiarisé avec la langue copte. Mais les difficultés très réelles auxquelles se heurte inévitablement le traducteur expliquent de telles divergences. S'il est vrai que les problèmes exégétiques sont complexes et que leur traitement ne peut être appréhendé à partir de la grammaire seule, indépendemment de tout contexte textuel, littéraire, religieux, philosophique etc., il est également vrai que les difficultés linguistiques inhérentes au texte sont nombreuses et que le choix des solutions adoptées influe pour une bonne part sur la qualité d'une traduction. Ces difficultés linguistiques sont de plusieurs ordres. La première, et ceci est valable pour de nombreux textes, sinon pour tous les traités de la bibliothèque de Nag Hammadi, naît du fait que la langue copte à laquelle nous sommes confrontés est très probablement une langue de traduction[3], une langue qui tente de se plier le plus possible, et parfois de façon très littérale,

---

1 Cf.FISCHER, *Der Gedanke*.

2 Cf.*NH Library*, pp.284-289.

3 Cf.LAYTON, *Hypostasis*, pp.362-363.

à la langue grecque originale[1]. Sans doute par souci de fidélité à l'original, mais aussi parfois par incompréhension[2], ou peut-être par méconnaissance de sa propre langue[3], le traducteur copte a tendance, sinon à transgresser 'les règles' de la grammaire copte, du moins à utiliser des expressions ou des tournures qu'il n'utiliserait pas s'il rédigeait directement dans sa propre langue. Il aboutit alors parfois à ce qui peut, dans certains cas et dans l'état de nos connaissances, passer pour des incohérences. Une autre difficulté vient de ce que le copte dans lequel notre texte est rédigé fait lui-même problème. Si l'on peut dire qu'il s'agit, dans l'ensemble, et ceci aussi bien pour la structure syntaxique que pour la vocalisation ou le choix du vocabulaire, d'un copte probablement sahidique[4], il ne s'agit pas toutefois du sahidique classique tel qu'il est attesté, par exemple, par le Nouveau Testament. Les très nombreuses divergences, tant du point de vue vocalique que morphosyntaxique ou lexicographique, ne permettent pas toujours, en l'absence de l'original grec, d'évaluer le pourquoi de certaines tournures ou le sens de certaines expressions jusqu'ici peu ou pas du tout connues. Ce fait justifie, en partie du moins, certaines ambiguïtés de la traduction que nous avons, dans la mesure du possible, signalées en note. Une étude systématique et rigoureuse du corpus de Nag Hammadi du point de vue de la langue reste encore à faire et serait indispensable pour permettre de préciser de nombreux points restés obscurs, et partant, serait nécessaire pour une compréhension encore meilleure de CG VI,4. Or une telle entreprise n'était pas possible dans le cadre de ce mémoire. L'étude des questions posées par la langue de CG VI,4, plus amplement développée dans la suite de l'exposé, nous amène néanmoins à penser que nous avons affaire à une langue d'époque très ancienne, probablement un sahidique encore suffisamment souple pour tolérer la présence d'éléments grammaticaux et

---

1 V.par ex. la succession des génitifs en 47:16-17. V.aussi 36:8;37:23; 47:13-15;48:9.

2 V.par ex. 44:32-33 où la conjonction grecque ἕως qui a manifestement dans ce contexte le sens de *pendant que* est reprise par le copte ϣⲁⲛⲧⲉ-. V.aussi 39:14-15;46:11.

3 V.38:14 où ⲛⲟϭ ⲛ̄ⲥⲱⲙⲁ rend peut-être le grec γίγας, alors qu'existent SA: ϫⲱⲱⲣⲉ, A2: ⲅⲁⲗⲗⲱϣⲓⲣⲉ, à côté du mot d'emprunt ⲅⲓⲅⲁⲥ.

4 La structure syntaxique de CG VI,4 ne peut être véritablement considérée comme sahidique que dans la mesure où la langue de *PBodmer 6*, avec laquelle CG VI,4 présente des affinités certaines, peut elle-même être envisagée comme un proto-sahidique. V.infra, p.60.

lexicaux d'origines dialectales diverses, plus particulièrement AA$_2$[1] ou *PBod-mer 6*[2], et n'obéissant pas encore aux règles qui seront plus tard celles du sahidique classique.

3. LE CONTENU DU TEXTE

CG VI,4 est un exposé didactique tout à fait cohérent[3], écrit à la première personne, laquelle s'adresse à un *vous* qui désigne vraisemblablement un groupe d'initiés. A aucun moment la personne qui parle ne se fait connaître nommément. Elle ne peut donc pas être identifiée avec une absolue certitude. Il peut s'agir d'un être féminin ou masculin, ou même des deux à la fois. Cet ⲁⲚⲞⲕ, ce *moi*, se présente en effet tantôt comme le Révélateur se distinguant nettement de la Grande Puissance et parlant de cette dernière comme d'un être différent: *"Vous me verrez et vous préparerez votre demeure dans notre Grande Puissance"*[4]. De même le *nous* utilisé au début et à la fin de l'exposé (36:4,27;48:5,6,9, 12) semble désigner à la fois le Révélateur et ses initiés. Mais le locuteur se présente tantôt aussi comme la Grande Puissance elle-même parlant du Révélateur à la troisième personne, comme d'un être distinct: *"...va se manifes-ter l'Homme qui est celui qui connaît la Grande Puissance. Il (la) recevra et Il me connaîtra. Il boira du lait de la Mère de l'oeuvre. Il parlera en para-boles"*[5]. On peut inférer de cette ambiguïté le désir qu'avait peut-être l'au-

---

1   Il est intéressant de noter qu'en A$_2$ [= subakhmimique = lycopolitain (L) de R.Kasser] ont été rédigés des textes manichéens *(ManiH, ManiK, ManiP)*, les *Acta Pauli (AP)*, une copie de l'Evangile de Jean, un fragment du même évan-gile et le codex I de Nag Hammadi.

2   Cf.KASSER, *PBodmer 6*; NAGEL, *Dialekt von Theben*; VERGOTE, *Dialecte P*.

3   V.infra, pp.7-9 le sommaire du texte. Malgré certaines imperfections (absence de verbe en 43:29) ou certaines phrases laborieuses (incises en 43:12;40:1-9) qui pourraient le laisser croire, rien ne permet d'affirmer que nous avons affaire ici à un texte composite.

4   CG VI,4,36:25-27.

5   CG VI,4,40:25-31.

teur de mettre l'accent sur l'identité ontologique du Révélateur et de la
Grande Puissance, cette dernière jouant en CG VI,4 le rôle de divinité sup-
rême[1]; elle se différencie ainsi de la Mère gnostique telle qu'elle apparaît
dans l'*Apokryphon Johannis* ou la *Pistis Sophia*[2].

Après une brève introduction le texte narre, en deux développements[3], les
grandes étapes de l'*histoire du salut* depuis les origines jusqu'à la fin des
temps, histoire dont le centre est la venue et l'oeuvre salvatrice du Révélateur. PREMIERE PARTIE: 1. L'éon de la chair, manifestation du feu, création
de l'univers, création de l'âme, enseignement de Noé, déluge, anéantissement
de l'éon; 2. L'éon psychique: venue et enseignement du Révélateur, descente
aux enfers, résurrection, anéantissement de l'éon. DEUXIEME PARTIE: 3. L'éon
psychique après la venue du Révélateur: colère des archontes et jugement opé-
ré par l'archonte des occidents, venue de l'Imitateur, dernière manifestation
du feu et purification, anéantissement de la matière; 4. L'éon à venir: révé-
lation des purs, anéantissement des âmes châtiées.

L'auteur puise dans la tradition judéo-chrétienne et nous présente une réinterprétation manifestement gnostique de certains thèmes et textes bibliques,
en particulier: en 1 les récits vétérotestamentaires de la création et du déluge *(Gen.1 et 6)*; en 2 les épisodes néotestamentaires de la passion *(Mt.26-28)*;
en 3 les textes apocalyptiques annonçant le Jour de Yahvé *(Is.13; Jér.4;
Joël 4)*, les passages faisant allusion à la venue de l'Antichrist *(II Thess.2;
Apoc.13)* et au jugement final *(Mt.24; Dan.12)*.

Chacun des deux développements (1-2 et 3-4) est introduit par une série de
questions auxquelles l'exposé donne une ample réponse. Les questions précédant
le premier développement mettent en évidence, au début de l'écrit, le rôle et
l'importance de l'eau, puis ceux de l'Esprit, avant de rappeler le rôle fon-
damental du feu[4], présent dès avant la création et également présent au terme
de celle-ci, lors de la purification finale. Cette association n'est pas sans

---

1 A rapprocher de la Grande Puissance dans la gnose simonienne, cf.HIPP.,
  Ref., VI,18,2-7.

2 Cf.LÜDEMANN, *Untersuchungen*, pp.47-49.

3 V.infra, p.7-9. Le sommaire et les paragraphes qui en découlent se fondent
  essentiellement sur l'analyse structurée de CG VI,4. Cf.le découpage pro-
  posé dans FISCHER, *Der Gedanke*.

4 Cf.le feu comme principe du Tout et Puissance infinie dans la gnose simonienne, cf.HIPP., *Ref.*, VI,9,3-5.

rappeler *Lc.3:15-16*, et les trois baptêmes (Esprit, Feu, Eau) mentionnés en
CG II,5*(EcrsT)*122:13ss. notamment.

Nous ne savons rien ni de l'origine[1], ni de l'auteur, ni des destinataires
de CG VI,4. Pour F.Wisse, ce texte fait partie de ceux qui, comme CG II,2 et 5
III,5;V,4,5;VI,1 plus particulièrement, ne peuvent être attribués de façon cer
taine à aucune des sectes décrites par les opposants au gnosticisme[2]. Nous ne
savons rien non plus de la date de sa rédaction. Mais il apparaît clairement
que l'allusion à l'hérésie anoméenne que F.Wisse croit discerner en 40:7-9
est un indice tout à fait insuffisant pour garantir un *terminus a quo* permettant d'attribuer la rédaction de ce texte à la fin du IVe ou au début du Ve
siècle[3]. L'étude linguistique que nous avons tentée semble montrer au contraire un état plus ancien de la langue. Rien ne s'oppose donc, pour l'instant, à ce que CG VI,4 ait été rédigé et traduit bien plus tôt en un temps où
le sahidique n'était pas encore la langue classique attestée par le Nouveau
Testament ou par Chenouté[4].

---

1 Il faut cependant noter en 43:5 la trace probable d'un aramaïsme (v.infra,
  §34). Remarquer également en 46:27-29 la présence du nombre 1468 qui n'est
  jusqu'ici attesté que dans la tradition manichéenne (v.infra, traduction,
  note 106).

2 Cf.WISSE, *Heresiologists*, p.209.

3 Cf.WISSE, *Heresiologists*, p.208, note 16. V.aussi infra, traduction,
  note 56.

4 Rappelons, pour donner un point de repère, que les papyrus bibliques sahidiques de la collection Bodmer, témoins d'un état relativement ancien de
  la langue, ont sans doute été copiés dans le courant du IVe siècle. V.in-
  fra, p.62.

S O M M A I R E   D U   T E X T E

I. INTRODUCTION. Invitation à connaître la Grande Puissance (36:3-27).
Le feu purificateur ne pourra détruire ceux qui connaîtront la Grande
Puissance. Ils seront sauvés. Ils verront la Grande Puissance.

II. PREMIER DEVELOPPEMENT (36:27-43:2).

A. LES QUESTIONS (36:27-37:29).

Qui est le Révélateur, quelle est l'apparence du présent éon,
quelle est l'origine de l'homme, quelle est sa fin (36:27-37:5).

Quelle est la grandeur de l'eau en qui la Grande Puissance est
révélée (37:6-23).

Qui est l'Esprit et d'où il tire son origine (37:23-29).

B. LE PREMIER EON (*i.e.* l'éon de la chair) (37:29-39:15).

Le feu libère du milieu des ténèbres et de l'enfer ce qui appartient à la Puissance. Apparition de la création. Création de
l'âme comme réplique de l'image de la Puissance (37:29-38:10).

Cécité du monde de la chair dans lequel vivent les géants.
Jugement du premier éon rendu par l'eau, c'est-à-dire par le
père de la chair. Celui-ci charge Noé d'enseigner durant 120
années et de construire une arche. Il croit sauver les dieux
et les anges en provoquant le déluge. Seule est sauvée
l'oeuvre de la Puissance (38:11-39:15).

C. LE SECOND EON (*i.e.* l'éon psychique) (39:16-43:2).

Mélangé avec les corps il engendre les passions. Catalogue des passions et exhortation à les fuir (37:16-40:9).

Impuissance de la mère du feu. Celui-ci détruit la matière en la brûlant, jusqu'à sa propre extinction (40:9-23).

Manifestation du Révélateur qui boit du lait de la Mère de l'oeuvre et parle en paraboles. Nouveau Noé, il annonce en 72 langues l'éon à venir. Il ressuscite les morts. Il est trahi par l'un de ses disciples. Il est livré à Sasabek, le maître de l'enfer. Il descend en enfer pour confondre les archontes. Il est le signe du changement de l'éon. Il ressuscite. Il envoie des disciples (40:24-43:2).

III. SECOND DEVELOPPEMENT (43:3-48:13).

A. LES QUESTIONS (43:3-11).

Quelle est la grandeur de l'eau de l'éon passé. Comment les hommes vont se préparer pour l'éon à venir.

B. LE PREMIER EON (*i.e.* l'éon psychique). (43:11-47:8).

Dans le premier éon le Révélateur, nouveau Noé, a enseigné pendant 120 ans. Anéantissement du premier éon par le Révélateur (43:11-29).

Le temps de la colère (*i.e.* réinterprétation du Jour de Yahvé de l'Ancien Testament (43:29-44:29).
Colère des archontes qui se manifeste par des tremblements de terre, des troubles et le deuil (43:29-44:10).
Colère de l'Archonte des occidents qui tente d'enseigner la méchanceté et s'efforce de détruire la sagesse (44:10-29).

Règne de l'Imitateur (*i.e.* Antichrist) qui tente d'arracher au petit enfant le secret de la Grande Puissance. Il fait des prodiges et introduit la circoncision (44:29-45:24).

Le jugement dernier (*i.e.* celui de l'éon psychique rendu par le
feu à la fin des temps). Purification des âmes. La Puissance
et ses adeptes se retirent (45:24-46:21).

Le feu exterminateur agit encore pendant 1468 années et s'efforce
de purifier les âmes. Lorsqu'il les a totalement purifiées, il
se retourne contre lui-même et s'éteint. La matière n'existe
plus (46:21-47:8).

C. LE SECOND EON (*i.e.* l'éon à venir) (47:9-48:13).

Les âmes pures sont révélées et vivent dans l'éon de la justice
avec la Puissance (47:9-26).

Les âmes châtiées sont anéanties. Elles vivent dans la purification et implorent les saints (47:27-48:13).

36* *LA PERCEPTION INTELLIGENTE

LE CONCEPT DE NOTRE GRANDE PUISSANCE[1].

Ainsi celui qui connaître notre Grande Puissance deviendra invi-
sible, | et le feu ne pourra le consumer[2], et il deviendra pur[3]. Et le
feu[4] supprimera toutes emprises sur vous[5] car tous ceux en qui ma
10 forme | sera révélée seront sauvés[6], dès (l'âge de) sept jours jusqu'à
cent vingt ans[7] - ils sont soumis à ces contraintes[8] pour que soient
rassemblées toute la chute[9] ainsi que | les lettres[10] de notre Grande
Puissance - afin que celle-ci écrive ton nom[11] dans notre Grande
Lumière[12] et qu'elle rende parfaites les pensées et les actes de ceux-
20 là, | afin qu'ils soient purifiés, fortifiés, puis anéantis[13] et rassem-
blés dans le lieu qui ne se voit pas[14]. Et vous | me verrez, et vous
préparerez votre demeure[15] dans notre Grande Puissance.

Celui qui s'en est allé[16], sachez comment Il est venu à l'existence,
30 afin que, | pour parvenir à l'existence[17], vous connaissiez Celui qui
est vivant. (Sachez) de quelle manière Le comprendre. (Sachez) de
37* quelle apparence est cet éon-ci, ou de * quelle espèce il est, ou comment (il) se(ra)[18]. Pour(quoi) ne cherchez-vous pas à savoir de quelle
(manière) vous allez exister, ou encore (comm)ent | vous êtes venus à
l'existence ?

Comprenez de quelle grandeur est l'eau, (comprenez) qu'elle est in-
commensurable et hors de portée. Elle n'a ni commencement ni fin,
10 supportant la terre, soufflant dans l'air[19] | en qui se trouvent les
dieux et les anges[20]. Et c'est en elle, qui est supérieure à tous ceux-
ci, que sont la crainte et la lumière. Et mes | lettres[21], c'est en

36*   *ⲦⲈⲤⲐⲎⲤⲓⲤ Ⲛ̄ ⲆⲓⲀⲚⲞⲓⲀ· |

       ⲠⲚⲞⲎⲘⲀ Ⲛ̄ ⲦⲚⲀϬ Ⲛ̄ ϬⲀⲘ· |

5   ⲀⲨⲰ ⲠⲈⲦⲚⲀⲤⲞⲨⲰⲚ ⲦⲚ̄ⲚⲞϬ | Ⲛ̄ ϬⲞⲘ ϥⲚⲀϢⲰⲠⲈ Ⲛ̄ Ⲁ₂ⲞⲢⲀ‖[Ⲧ]ⲞⲚ·ⲀⲨⲰ

    ⲘⲘⲚ̄ⲔⲰ₂Ⲧ̄ | ⲚⲀϢ ⲢⲞⲔ₂ϥ· ⲀⲨⲰ ϥⲚⲀ|ⲦⲂ̄ⲂⲞ· ⲀⲨⲰ ϥⲚⲀϥⲰⲦⲈ ⲈⲂⲞⲖ | Ⲛ̄

10   ⲀⲘⲀ₂ⲦⲈ ⲚⲓⲘ Ⲛ̄ⲦⲎⲦⲚ̄· ϪⲈ | ⲞⲨⲞⲚ ⲚⲓⲘ ⲈⲦⲈⲢⲈⲦⲀⲘⲞⲢⲪⲎ ‖ ⲚⲀⲞⲨⲰⲚⲄ̄

    ⲈⲂⲞⲖ Ⲛ̄₂ⲎⲦϥ ϥⲚⲀ|ⲞⲨϪⲀⲓ̈· ϪⲓⲚ ⲤⲀϢϥ Ⲛ̄ ₂ⲞⲞⲨ | ϢⲀ ϢⲈ ϪⲞⲨⲰⲦⲈ Ⲛ̄

15   ⲢⲞⲘⲠⲈ· | ⲈⲦⲈⲚⲈⲈⲓ₂ⲦⲞⲢ ⲈⲢⲞⲞⲨ ⲈⲦⲢⲈⲨ|ⲤⲈⲨ₂ Ⲡ₂ⲀⲈⲓⲈ ⲦⲎⲢϥ· ⲀⲨⲰ ‖

    Ⲛ̄Ⲥ₂Ⲁⲓ̈ Ⲛ̄ ⲦⲚ̄ⲚⲀϬ Ⲛ̄ ϬⲀⲘ· ₂Ⲓ̂ⲚⲀ | ϪⲈ ⲈⲤⲀⲤ₂ⲀⲈⲒ Ⲙ̄ ⲠⲈⲔⲢⲀⲚ ₂ⲢⲀⲒ̈ |

    ₂Ⲙ̄ ⲠⲚ̄ⲚⲞϬ Ⲛ̄ ⲞⲨⲞⲈⲒⲚ ⲀⲨⲰ | Ⲛ̄Ⲥ̄ϪⲞⲔⲞⲨ ⲈⲂⲞⲖ Ⲛ̄Ϭⲓ ⲚⲞⲨⲈ|ⲠⲒⲚⲞⲒⲀ ⲘⲚ̄

20   ⲚⲞⲨ₂ⲂⲎⲨⲈ· ‖ ϪⲈⲔⲀⲀⲤ ⲈⲨⲚⲀⲦⲞⲨⲂⲀⲞⲨ | ⲤⲈⲬⲞⲢⲞⲨ ⲈⲂⲞⲖ· ⲀⲨⲰ

    ⲤⲈ|ⲞⲬⲚⲞⲨ· Ⲛ̄ⲤⲈⲤⲞⲞⲨ₂ⲞⲨ ₂Ⲙ̄ | ⲠⲦⲞⲠⲞⲤ ⲈⲦⲈⲘ̄ⲘⲚ̄ⲖⲀⲀⲨ | Ⲛ̄₂ⲎⲦϥ ⲚⲀⲨ

    ⲈⲢⲞϥ· ⲀⲨⲰ ⲦⲈ‖ⲦⲚ̄ⲚⲀⲚⲀⲨ ⲈⲢⲞⲒ̈· ⲀⲨⲰ Ⲛ̄ⲦⲈ|ⲦⲚ̄ⲤⲞⲂⲦⲈ Ⲛ̄ ⲚⲈⲦⲚ̄ⲘⲀ Ⲛ̄

25   ϢⲰ|ⲠⲈ ₂Ⲛ̄ ⲦⲚ̄ⲚⲞϬ Ⲛ̄ ϬⲞⲘ·

30   ⲤⲞⲨ|ⲰⲚ ⲠⲈⲚⲦⲀϥⲂⲰⲔ ϪⲈ ⲠⲰⲤ | ⲀϥϢⲰⲠⲈ· ₂Ⲓ̂ⲚⲀ ϪⲈ ⲈⲦⲈ‖ⲦⲚ̄ⲀⲤⲞⲨⲰⲚ

    ⲠⲈⲦⲀⲚⲄ̄ Ⲁ ϢⲰ|ⲠⲈ· ϪⲈ ⲀϢ ⲦⲈ ⲐⲈ Ⲛ̄ Ⲅ̄ ⲚⲞⲈⲒ | Ⲙ̄ⲘⲞϥ ϪⲈ ⲞⲨⲀϢ Ⲛ̄

37*   ⲈⲞⲨⲀⲚ ⲠⲈ | ⲠⲀⲒⲰⲚ ⲈⲦⲘ̄ⲘⲀⲨ· Ⲏ̀ ⲞⲨ*ⲀϢ Ⲛ̄ ⲘⲒⲚⲈ ⲠⲈ· Ⲏ̀ ϪⲈ Ⲉ[ϥⲚⲀ] |

    ϢⲰⲠⲈ Ⲛ̄ ⲀϢ Ⲛ̄ ₂Ⲉ· ⲈⲦ[ⲂⲈ ⲞⲨ] | ⲦⲈⲦⲚ̄ϢⲒⲚⲈ ⲀⲚ ϪⲈ ⲀϢ [ⲦⲈ ⲐⲈ] |

    ⲈⲦⲈⲦⲚⲀϢⲰⲠⲈ Ⲙ̄ⲘⲞⲤ[· Ⲏ̀ Ⲡ̄ ⲀϢ] ‖ Ⲛ̄ ₂Ⲉ Ⲛ̄ⲦⲞϥ ⲀⲦⲈⲦⲚ̄ϢⲰⲠⲈ[·] |

    ⲀⲢⲒ ⲚⲞⲈⲒ ϪⲈ ⲞⲨⲀϢ Ⲛ̄ ⲖⲀⲈⲒⲎ ⲠⲈ | ⲠⲒⲘⲞⲞⲨ ϪⲈ ⲞⲨⲀⲦ̇ϢⲒⲦϥ ⲠⲈ |

10   Ⲛ̄ ⲀⲦⲦⲈ₂Ⲁϥ· ⲘⲚ̄ⲦⲈϥ ⲀⲢⲬⲎ | ⲘⲚ̄ⲦⲈϥ ₂ⲀⲎ ⲈϥϥⲒ ₂Ⲁ ⲠⲔⲀ₂· Ⲉϥ‖ⲚⲒϥⲈ

    ₂Ⲙ̄ ⲠⲀⲎⲢ· ⲠⲀⲒ̈ ⲈⲦⲞⲨⲚ̄|₂ⲎⲦϥ Ⲛ̄Ϭⲓ Ⲛ̄ⲚⲞⲨⲦⲈ ⲘⲚ̄ Ⲛ̄ⲀⲄ̄|ⲄⲈⲖⲞⲤ· ⲀⲨⲰ

    ⲠⲈⲦϪⲞⲤⲈ Ⲉ | ⲚⲀⲒ̈ ⲦⲎⲢⲞⲨ ⲈⲢⲈⲞⲐⲦⲈ Ⲛ̄₂Ⲏ|Ⲧϥ ⲘⲚ̄ ⲠⲞⲨⲖⲈⲒⲚ· ⲀⲨⲰ

36:2. ⲦⲚⲀϬ cod.: prob. Ⲧ<Ⲛ̄>ⲚⲀϬ legend., cf.48:14 et 36:3,15,27.
13. ⲚⲈⲈⲒ<Ⲅ̄>₂ⲦⲞⲢ Krau.Lab.   24. ⲈⲢⲞϥ cod.: ⲈⲢⲞⲞⲨ Krau.Lab.
37:1. In fine versus 2-3 litt. desunt; Ⲉ[ϥⲚⲀ] Krau.Lab.; possis et
Ⲉ[Ⲁϥ].   2. ⲈⲦ[ⲂⲈ ⲞⲨ] Krau.Lab.; possis et ⲈⲦ[ⲂⲈ ⲞⲨ Ⲛ̄]ⲦⲈⲦⲚ̄
3. ⲀϢ [ⲦⲈ ⲐⲈ] : ⲀϢ [Ⲛ̄ ₂Ⲉ] Krau.Lab.   4. [Ⲏ̀ Ⲡ̄ ⲀϢ] Krau.Lab.
cf.37:2.

elle qu'elles sont apparentes. Je les ai données pour venir en aide à
la création charnelle[22] parce que personne n'est capable[23] de se te-

20   nir | debout[24] sans cette eau-là[25], ni l'éon de vie de vivre sans elle.
C'est en comprenant avec pureté[26] que l'on[27] possède ce qui est en elle
Alors considérez l'esprit et sachez | d'où il est[28]. Il[29] l'a donné
aux hommes afin que, de lui[29], ils reçoivent la vie tous les jours, car
il possède Sa[29] vie en lui. C'est à tous qu'Il[29] l'a donné.

30   Alors | la ténèbre et l'enfer ont reçu[30] le feu. Et ce qui m'appar-
tient, c'est par le feu[31] qu'ils[32] vont le libérer, car leurs[32] yeux
n'ont pas pu supporter ma lumière. Comme les esprits | et les eaux se

38* sont mis en * mouvement[33] le reste est alors devenu réalité et[34] l'éon
entier de la création. Et c'est à partir des lieux inférieurs des es-
prits et des eaux[35] que le feu est devenu réalité. | La Puissance est
venue à l'existence au milieu des puissances[36]. Et les puissances ont
désiré voir mon image. Et l'âme est devenue la réplique de mon image[37].

10   Voilà | l'oeuvre qui s'est réalisée. Considérez de quelle espèce est
cette oeuvre[38]. (Considérez) qu'avant de devenir réalité elle[38] n'avait
pas la vue[39], parce que l'éon de la chair se réalisait dans les géants[40]
à qui on attribuait habituellement de nombreux jours dans la création.
En effet, après que les géants[40] furent souillés[41], après leur entrée

20   dans la chair, le père de la chair[42], | l'eau, rendit alors son propre
jugement. Car, après avoir trouvé Noé, dévoué et digne, le père de la
chair soumit alors les anges[43], | puis il annonça la piété pendant 120

30   années[44]. Et personne ne lui a obéi. Puis il fit construire | une arche
de bois. Et celui qu'il avait trouvé y entra. Puis le déluge se produi-

39* sit. * Et de cette façon Noé fut sauvé avec ses fils. Parce que s'il
n'y avait pas eu l'arche pour que des hommes y embarquent, il n'y aurait
pas eu l'eau du déluge. | C'est ainsi que le père de la chair réfléchit[ ]
qu'il pensa sauver les dieux et les anges[46] de même que les puissances

10   (qui relèvent) de la majesté[47] de tous ceux-là | ainsi que les délices[48]
et la spécificité (de l'éon)[49]. Et en les retirant de l'éon, c'est dans
les lieux durables qu'il les fait vivre. Et le jugement de la chair[50]
s'est terminé. L'oeuvre | unique[51] de la Puissance s'est tenue debout[52].

15 ⲛⲁ‖ⲥ₂ⲁ̈ⲓ ⲉⲩⲟⲩⲟⲛⲍ̄ ⲉⲃⲟⲗ ⲛ̄ⲍ̄ⲏⲧϥ̄ | ⲗⲉⲓⲧⲁⲁⲩ ⲉ ⲩⲗⲓⲁⲕⲟⲛⲓⲁ | ⲛ̄
ⲧⲕⲧⲓⲥⲓⲥ ⲛ̄ ⲛ̄ⲥⲁⲣⲁⲝ ⲭⲉ | ⲙ̄ⲙⲛ̄ϭⲟⲙ ⲛ̄ⲧⲉ ⲗⲁⲁⲩ ⲱ₂ⲉ ⲉ ⲣⲁ|ⲧϥ̄ ⲟⲩⲉ ⲱ ⲛ̄
20 ⲡⲉⲧⲙ̄ⲙⲁⲩ· ⲟⲩ‖ⲧⲉ ⲙ̄ⲙⲛ̄ϭⲟⲙ ⲙ̄ ⲡⲗⲓⲱⲛ ⲛ̄ ⲱⲛ₂̄ | ⲛ̄ ⲟⲩⲉ ⲱ ⲛ̄ ⲃⲗ̄ⲗⲁ ϥ̄·
ⲉⲩⲛ̄ⲧⲁ ϥ̄ | ⲙ̄ⲙⲁⲩ ⲛ̄ ⲡⲉ ⲧⲛ̄₂ⲏⲧϥ̄ ⲉ ϥ ϥ̄ ⲛⲟ|ⲉⲓ ₂ⲛ̄ ⲟⲩⲡⲉⲧⲟ̈ⲩⲗⲁⲃ·
25 ⲧⲟⲧⲉ | ⲉⲛⲁⲩ ⲉ ⲡⲛ̄ⲁ ⲛ̄ⲧⲉⲧⲛ̄ⲙⲙⲉ ‖ ⲭⲉ ⲟⲩⲉⲓ ⲧⲟ ⲡⲉ· ⲁ ϥⲧⲁⲁ ϥ̄ ⲛ̄ |
ⲛ̄ⲣⲱⲙⲉ ⲭⲉ ⲉⲩⲛⲁ ⲭ ⲓ ⲱ ⲛ̄₂̄ | ⲉⲃⲟⲗ ⲛ̄₂̄ⲏⲧϥ̄ ⲛ̄ ₂ⲟⲟⲩ ⲛⲓⲙ | ⲉⲩⲛ̄ⲧⲁ ϥ̄ ⲙ̄
ⲡⲉ ϥⲱ ⲛ̄₂̄ ⲛ̄ ₂|ⲏⲧϥ̄· ⲉ ϥ ϯ ⲛⲁⲩ ⲧⲏⲣⲟⲩ·

30 ⲧⲟ‖ⲧⲉ ⲡⲕⲁⲕⲉ ⲙⲛ̄ ⲉⲙⲛ̄ⲧⲉ | ⲁ ϥ ⲭⲉ ⲡ ⲕⲱ₂ ⲧ̄· ⲁ ⲩ ⲱ ⲡⲉ|ⲧⲉⲓⲱ ⲉⲓ ⲉ ϥ ⲛⲁ-
35 ⲃ ⲟⲗ ϥ̄ ⲉⲃⲟⲗ | ⲛ̄₂̄ⲏⲧϥ̄· ⲙ̄ⲡⲉ ⲛⲉ ϥ ⲃⲁⲗ ⲉ ⲱ | ϥ ⲓ ₂ⲁ ⲡⲗⲟⲩⲟⲉⲓⲛ· ⲉⲁ ⲩ ⲕⲓⲙ ‖
38* ⲛ̄ϭⲓ ⲙ̄ⲡⲛ̄ⲁ ⲙⲛ̄ ⲙ̄ⲙⲟⲩⲉⲓ * [ⲛ̄ ⲁⲩ]ⲱ ⲁⲡ ⲕⲉ ⲱ ⲱ ⲭ ⲡ̄ ⲱ ⲱ ⲡⲉ· | [ⲁⲩ]ⲱ ⲡⲗⲓⲱⲛ
ⲧⲏⲣϥ̄ ⲛ̄ⲧⲉ ⲧⲕⲧⲓ|[ⲥⲓⲥ·] ⲁ ⲩ ⲱ ⲛⲟⲩϭⲟⲛ ⲛ̄ⲧⲁ|[ⲡ]ⲕⲱ₂ ⲧ̄ ⲱⲱⲡⲉ ⲉⲃⲟⲗ
5 ⲙ̄‖ⲙⲟⲟⲩ· ⲁ ⲧ̄ϭⲟⲙ ⲱⲱⲡⲉ ⲛ̄|ⲧⲙⲏⲧⲉ ⲛ̄ ⲛ̄ϭⲟⲙ· ⲁⲩⲱ ⲁⲛ|ϭⲟⲙ ϥ̄ ⲉⲡⲓⲑⲩⲙⲉⲓ
10 ⲉ ⲛⲁⲩ ⲉ ⲧⲁ|₂ ⲓ̂ⲕⲱⲛ· ⲁⲩⲱ ⲁⲧ̄ⲯⲩ ⲭ ⲏ ⲱ ⲱ|ⲡⲉ ⲛ̄ ⲡⲉⲥⲧⲩⲡⲟⲥ· ⲡⲁ̈ⲓ ⲡⲉ ‖
ⲡ₂ⲱⲃ ⲉ ⲧⲁ ₂ ⲱ ⲱ ⲡ ⲉ ⲛⲁⲩ ⲭⲉ | ⲟⲩⲁ ⲱ ⲛ̄ ⲙⲓⲛⲉ ⲡⲉ· ⲭⲉ ⲛ̄|ⲡⲁⲧⲉ ϥ ⲱ ⲱ ⲡⲉ ϥ ⲛⲁⲩ
15 ⲁⲛ ⲉⲃⲟⲗ | ⲭⲉ ⲛⲁ ϥ ⲱ ⲱ ⲡⲉ ⲛ̄ϭⲓ ⲡⲗⲓⲱⲛ | ⲛ̄ ⲧⲥⲁⲣⲁⲝ ₂ⲛ̄ ⲛ̄ⲛⲟϭ ⲛ̄ ⲥⲱⲙⲁ·‖
ⲁⲩⲱ ⲛⲉ ⲱ ⲁⲩ ⲱ ⲡ ⲛ̄ | ₂ⲉⲛⲛⲟϭ ⲛ̄ ₂ⲟⲟⲩ ₂ⲛ̄ ⲧⲕⲧⲓⲥⲓⲥ· | ₂ⲟⲧⲁⲛ
ⲅⲁⲣ ⲛ̄ⲧⲁⲣⲟⲩ ⲭ ⲁ₂ⲙⲟⲩ | ⲛ̄ⲧⲁⲣⲟⲩ ⲃⲱⲕ ⲉ₂ⲟⲩⲛ ⲉ ⲧⲥⲁ|ⲣⲁⲝ· ⲁⲩⲱ ⲡⲉⲓⲱⲧ̀
20 ⲛ̄ ⲧⲥⲁ‖ⲣⲁⲝ ⲡⲙⲟⲟⲩ ⲁ ϥ ⲉⲓⲣⲉ ⲙ̄ ⲡⲉ ϥ | ₂ⲁⲡ̄ ⲙ̄ⲙⲓⲛ ⲙ̄ⲙⲟ ϥ· ₂ⲟⲧⲁⲛ ⲅⲁⲣ |
ⲛ̄ⲧⲁⲣⲉ ϥ ϭ ⲛ̄ ⲛⲱ₂ⲉ ⲉ ϥ ⲟ ⲛ̄ ⲉⲩ|ⲥⲉⲃⲏⲥ ⲉ ϥ ⲙ̄ⲡ ⲱ ⲁ· ⲁⲩⲱ | ⲡⲉⲓⲱⲧ̀ ⲛ̄ ⲧⲥⲁⲣⲁⲝ
25 ⲉ ϥ ϥ̄ ₂ⲩ‖ⲡⲟⲧⲁⲥⲥⲉ ⲛ̄ ⲛ̄ⲁⲅⲅⲉⲗⲟⲥ· | ⲁⲩⲱ ⲁ ϥⲧⲁ ⲱ ⲉ ⲟⲉⲓ ⲱ ⲛ̄ ⲧⲉⲩ|ⲥⲉⲃⲉⲓⲁ
30 ⲛ̄ ⲱⲉ ⲭⲟⲩⲱⲧⲉ ⲛ̄ | ⲣⲟⲙⲡⲉ· ⲁⲩⲱ ⲙ̄ⲡⲉ ⲗⲁⲁⲩ | ⲥⲱⲧⲙ̄ ⲛⲁ ϥ· ⲁⲩⲱ ⲁ ϥ ⲧⲁ‖ⲙⲓⲟ
ⲛ̄ⲛ ⲟⲩϭ ⲓ ⲃⲱⲧⲟⲥ ⲛ̄ ⲱⲉ· | ⲁⲩⲱ ⲡⲉⲛⲧⲁ ϥ ϭⲛ̄ⲧϥ̄ ⲁ ϥ ⲃⲱⲕ | ⲉ₂ⲟⲩⲛ ⲉⲣⲟⲥ·
39* ⲁⲩⲱ ⲁⲡ ⲕⲁ|ⲧⲁⲕⲗⲩⲥⲙⲟⲥ ⲱ ⲱ ⲡ ⲉ· * ⲁ ⲩ ⲱ ⲛ̄ ⲧⲉ̈ⲓ₂ⲉ ⲁⲛⲱ₂ⲉ ⲟⲩ[ⲭ]ⲗⲉⲓ | ⲙ̄ⲛ̄
ⲛⲉ ϥ ⲱⲏⲣⲉ· ⲭⲉ ⲉⲛⲉ [ϭ]ⲉ̣ ⲛ̄ⲡⲉ|ⲥ ⲓ ⲃⲱⲧⲟⲥ ⲱ ⲱ ⲡ ⲉ ⲉ ⲧⲣⲉ ⲣⲱⲙⲉ | ⲃⲱⲕ ⲉ₂ⲟⲩⲛ
5 ⲉⲣⲟⲥ· ⲛⲉⲡⲙⲟ‖|ⲟⲩ ⲛ̄ ⲡ ⲕⲁⲧⲁⲕⲗⲩⲥⲙⲟⲥ ⲛⲁ|ⲱ ⲱ ⲡ ⲉ ⲁⲛ· ⲛ̄ ϯ₂ⲉ ⲁ ϥ ϥ̄ ⲛⲟⲉⲓ |
ⲁ ϥⲙⲉⲉⲩⲉ ⲉ ⲛⲟⲩ₂ⲙ̄ ⲛ̄ⲛⲟⲩ|ⲧⲉ ⲙ̄ⲛ̄ ⲛ̄ⲁⲅⲅⲉⲗⲟⲥ· ⲁⲩⲱ ⲛ̄ϭⲟⲙ | <ⲛ̄ ⲧ>ⲙⲛ̄ⲧⲛⲟϭ
10 ⲛ̄ ⲛⲁ̈ⲓ ⲧⲏⲣⲟⲩ· ‖ ⲁⲩⲱ <ⲧ>ⲧⲣⲩⲫⲏ ⲙ̄ⲛ̄ ⲡⲧⲣⲟⲡⲟⲥ·| ⲁⲩⲱ ⲉ ϥ ⲡⲱⲛⲉ ⲙ̄ⲙⲟⲟⲩ
₂ⲙ̄ | ⲡⲗⲓⲱⲛ ⲉ ϥ ⲥⲁⲛ ⲉ ⲱ ⲙ̄ⲙⲟⲟⲩ | ₂ⲛ̄ ⲛ̄ⲁⲓⲁⲙⲟⲛⲏ· ⲁⲩⲱ ⲫⲁ ⲡ̄ | ⲛ̄ ⲧⲥⲁⲣⲁⲝ
15 ⲁ ϥ ⲃⲱⲗ· ⲁ ⲫ ⲱ ⲃ̀ ⲛ̄ ‖ ⲟⲩⲱⲧ̀ ⲛ̄ ⲧϭⲁⲙ ⲱ₂ⲉⲣⲁⲧϥ̄·

37:25. ⲟⲩⲉⲓⲧⲟ ⲡⲉ distinx. Krau.Lab., cf.§33.   38:1. [ⲛ̄ ⲁⲩ] Krau.
Lab., cf.CG VI,8(AscL)77:22.   3. ⲛⲟⲩϭⲟⲛ cod.: ⲛⲟⲩϭⲟⲙ Krau.Lab.
39:2. [ϭ]ⲉ̣ Krau.Lab.   9. <ⲛ̄ ⲧ>ⲙⲛ̄ⲧⲛⲟϭ emendavi : ⲧⲛ̄ⲙⲛ̄ⲧⲛⲟϭ cod.
10. <ⲧ>ⲧⲣⲩⲫⲏ Quecke (Or.,42,1973,p.534).   14. ⲁⲛ ⲧⲥⲁⲣⲁⲝ̀ ?

14

Alors maintenant l'éon psychique, lui aussi. Il est une chose infime,
20   mélangée avec les corps, qui procrée dans les âmes et pollue, | parce
que la souillure originelle de la création a été puissante[53] et a en-
gendré toutes les énergies: beaucoup d'énergies coléreuses, la colère,
la jalousie, l'envie, de la haine, | de la calomnie, dédain et guerre,
le mensonge et de mauvais conseils, des chagrins et des plaisirs, des
30   infamies et des souillures, | des perfidies et des maladies, des juge-
40* ments injustes rendus à bien plaire[54] - Vous dormez encore * faisant
des rêves. Réveillez-vous et convertissez-vous, goûtez, mangez la nour-
riture véritable[55]. Distribuez le Logos | et l'eau de la vie. Rompez
avec ces mauvaises passions, ces désirs et ces (énergies) disparates,
inclinations malignes sans fondements[56].

10   Or la mère du feu | fut impuissante[57]. Elle a apporté le feu sur
l'âme et sur la terre[58]. Et elle a brûlé tous les couples[59] qui exis-
taient en elle[60]. Et sa pâture s'est épuisée. | Aussi, lorsqu'elle ne
trouvera rien à brûler, elle va se détruire elle-même. Et le feu deviendra-
20   dra incorporel, il va brûler la matière jusqu'à ce qu'il purifie |
l'univers, ainsi que toute la méchanceté. En effet, lorsqu'il ne trouvera plus rien à brûler, il se tournera contre lui-même jusqu'à sa
propre extinction[61].

Alors dans cet éon, c'est-à-dire | l'éon psychique, va se manifester
l'Homme qui est celui qui connaît la Grande Puissance[62]. Il (la) rece-
30   vra[63] et il me connaîtra. Il boira du lait de la Mère de | l'oeuvre[64].
41* Il parlera en paraboles. Il proclamera l'éon à venir * comme Noé[65]
avait parlé dans le premier éon de la chair. Et pour ce qui est des
propos tenus, | il les a tous prononcés en 72 langues[66]. Et Il a ouvert
les portes des cieux par Ses paroles. Et il a fait honte à celui qui
10   règne[67] sur l'enfer. | Il a ressuscité les morts, et la seigneurie de
ce dernier, Il l'a liquidée. Alors un grand trouble survint. Les ar-
chontes ont élevé | leur colère contre Lui. Ils ont voulu Le livrer à
celui qui règne[67] sur l'enfer. Alors l'un de ceux qui Le suivaient fut
20   reconnu. | Un feu gagna son âme[68], il Le trahit alors que personne ne
L'avait reconnu. Ils agirent, ils se saisirent de Lui, ils se ju-

ⲧⲟⲧⲉ ϯⲛⲟⲩ ⲡⲯⲩⲭⲓⲕⲟⲥ | ⲛ̄ ⲁⲓⲱⲛ ϩⲱⲱϥ· ⲟⲩⲕⲟⲩⲉⲓ | ⲡⲉ ⲉϥⲧⲏϩ ⲙⲛ̄
ⲛ̄ⲥⲱⲙⲁ· | ⲉϥϫⲡⲟ ϩⲛ̄ ⲛ̄ⲯⲩⲭⲏ ⲉϥϫⲱϩⲙ̄· || ϫⲉ ⲡϫⲱϩⲙ̄ ⲛ̄ ϣⲟⲣⲡ̄ ⲛ̄ ⲧⲕⲧⲓ|ⲥⲓⲥ
ⲁϥϭⲛ̄ ϫⲓⲛ· ⲁⲩⲱ ⲁϥϫⲡⲉ | ⲉⲛⲉⲣⲅⲉⲓⲁ ⲛⲓⲙ· ϩⲁϩ ⲛ̄ⲛ ⲉⲛⲉⲣ|ⲅⲉⲓⲁ ⲛ̄ ⲟⲣⲅⲏ·
ⲧⲃⲗ̄ⲕⲉ· | ⲡⲕⲱϩ· ⲡ<ϕ>ⲑⲟⲛⲟⲥ· ⲟⲩⲙⲁⲥ||ⲧⲉ· ⲟⲩⲙⲛⲧ̀ⲇⲓⲁⲃⲟⲗⲟⲥ· ϣⲱⲥ·| ϩⲓ̂
ⲡⲟⲗⲉⲙⲟⲥ· ⲡϭⲁⲗ’ ⲙⲛ̄ ϩⲉⲛ|ϣⲟϫⲛⲉ ⲉⲩϩⲟⲟⲩ· ϩⲉⲛⲗⲩ|ⲡⲏ ⲙⲛ̄ ϩⲉⲛϩⲏⲇⲟⲛⲏ·
ϩⲉⲛ|ⲙⲛ̄ⲧ̀ⲉⲥⲭⲣⲟⲥ· ⲙⲛ̄ ϩⲉⲛⲧⲱ||ⲗⲙ̄· ϩⲉⲛⲕⲣⲟϥ ⲙⲛ̄ ϩⲉⲛⲱϣ|ⲛⲉ· ϩⲉⲛϩⲁⲡ̀ ⲛ̄
40* ϫⲓ ⲛ̄ ϭⲟⲛⲥ̄· | ⲉⲩⲕⲱ ⲉϩⲣⲁ̈ⲓ ⲕⲁⲧⲁ ⲛⲉⲩ|ⲟⲩⲱϣⲉ· ⲉⲧⲓ ⲧⲉⲧⲛ̄ⲛ̄ⲕⲟⲧⲕ̄· *
ⲉ[ⲧⲉ]ⲧ̣ⲛ̄ⲡⲉⲣⲉ ⲣⲁⲥⲟⲩ· ⲛⲉϩⲥⲉ | ⲛ̄[ⲧⲉ]ⲧⲛ̄ⲛⲟⲩⲟⲩϩⲧⲏⲛⲉ· ⲛ̄ⲧⲉ|ⲧⲛ̄ϫⲓ ϯⲡⲉ
ⲛ̄ⲧⲉⲧⲛ̄ⲟⲩⲱⲙ ⲛ̄ | ⲑⲣⲉ ⲙ̄ ⲙⲉ· ϯ ⲉⲃⲟⲗ ⲙ̄ ⲡⲗⲟⲅⲟⲥ || ⲙⲛ̄ ⲡⲙⲟⲟⲩ ⲙ̄ ⲡⲱⲛϩ̄·
ⲁⲗⲱⲧⲛ̄ | ϩⲛ̄ ⲛⲓⲉⲡⲓⲑⲩⲙⲓⲁ ⲉⲑⲟⲟⲩ ⲙⲛ̄ | ⲛⲓⲟⲩⲱϣⲉ ⲙⲛ̄ ⲛⲓⲁⲛϩⲟⲙⲟⲓⲟⲛ· |
ϩⲉⲛⲙⲛ̄ⲧ̀ϩⲉⲣⲉⲥⲓⲥ ⲉⲩϩⲟⲟⲩ | ⲉⲙⲛ̄ⲧⲁⲩ ⲣⲁⲧⲟⲩ·

ⲁⲩⲱ ⲙ̄ⲡⲉⲥ||ϭⲙ̄ϭⲁⲙ ⲛ̄ϭⲓ ⲧⲙⲁⲁⲩ ⲛ̄ ⲧⲥⲁⲧⲉ | ⲁⲥⲛ̄ ⲡⲕⲱϩⲧ̄ ⲉϫⲛ̄ ⲧⲯⲩⲭⲏ
ⲙⲛ̄ | ⲡⲕⲁϩ· ⲁⲩⲱ ⲁⲥⲣⲱⲕϩ̄ ⲛ̄ⲛⲉⲓ | ⲧⲏⲣⲟⲩ ⲉⲧ̀ϣⲟⲟⲡ̀ ⲛ̄ϩⲏⲧⲥ̄· | ⲁⲩⲱ ⲁⲡⲉⲥ-
ⲙⲁⲛⲉ ϯⲉⲃⲟⲗϯ ⲱϫⲛ̄· || ⲁⲩⲱ ⲟⲛ ⲉⲥⲧⲙ̄ϭⲓⲛⲉ ⲉ ⲣⲱⲕϩ̄ | ⲥⲛⲁⲧⲁⲕⲟⲥ ⲟⲩⲁⲁⲥ·
ⲁⲩⲱ | ϥⲛⲁϣⲱⲡⲉ ⲛ̄ ⲁⲥⲱⲙⲁⲧⲟⲛ | ⲛ̄ⲛ ⲁⲧⲥⲱⲙⲁ· ⲛϥ̄ⲣⲱⲕϩ̄ ⲛ̄ ⲑⲩ|ⲗⲏ ϣⲁⲛⲧⲉϥⲣ̄
ⲕⲁⲑⲁⲣⲓⲍⲉ ⲙ̄ || ⲡⲧⲏⲣϥ̄· ⲁⲩⲱ ⲧⲕⲁϭⲓⲁ ⲧⲏⲣⲥ̄· | ϩⲟⲧⲁⲛ ⲅⲁⲣ ⲉϥϣⲁⲛⲧⲛ̄-
ⲧⲙ̄ϭⲛ̄ | ⲗⲁⲁⲩ ⲉ ⲣⲱⲕϩ̄· ϥⲛⲁⲛⲟⲟⲩϩϥ̄ | ⲉⲣⲟϥ ⲟⲩⲁⲁϥ ϣⲁⲛⲧⲉϥⲟϫⲛⲉϥ· |

ⲧⲟⲧⲉ ϩⲙ̄ ⲡⲉ̈ⲓⲁⲓⲱⲛ ⲉⲧⲉ ⲡⲁ̈ⲓ || ⲡⲉ ⲙ̄ ⲯⲩⲭⲓⲕⲟⲛ· ϥⲛⲁϣⲱ|ⲡⲉ ⲛ̄ϭⲓ
ⲡⲣⲱⲙⲉ ⲉⲧⲉⲡⲉⲧ̀|ⲥⲟⲟⲩⲛ ⲡⲉ ⲛ̄ ⲧⲛⲟϭ ⲛ̄ ϭⲟⲙ· | ϥⲁϫⲉⲓ ⲁⲩⲱ ϥⲁⲥⲟⲩⲱⲛⲧ̄· |
ϥⲁⲥⲱ ⲉⲃⲟⲗ ⲙ̄ ⲡⲉⲣⲱⲧⲉ ⲛ̄ || ⲧⲙⲁⲁⲩ ⲙ̄ ⲫⲱⲃ· ϥⲁϣⲁϫⲉ | ϩⲛ̄ ϩⲉⲛⲡⲁⲣⲁⲃⲟⲗⲏ·
41* ϥⲁⲧⲁ|ϣⲉ ⲟⲉⲓϣ ⲙ̄ ⲡⲁⲓⲱⲛ ⲉⲧ̀ⲛ̄ⲛⲏ*ⲟⲩ· ⲛ̄ ⲑⲉ ⲉⲧⲁϥϣⲁϫⲉ [ϩ]ⲙ̄ | ⲡϣⲟⲣⲡ̄
ⲛ̄ ⲁⲓⲱⲛ ⲛ̄ⲧⲉ ⲧⲥⲁ|ⲣⲁⲝ ⲛ̄<ϭⲓ> ⲛⲱϩⲉ ⲁⲩⲱ ⲉⲧⲃⲉ | ⲛⲉϥϣⲁϫⲉ ⲉⲧⲉϥϫⲱ
ⲙ̄ⲙⲟⲟⲩ· || ⲁϥϣⲁϫⲉ ⲛ̄ϩⲏⲧⲟⲩ ⲧⲏⲣⲟⲩ | ϩⲛ̄ ϣⲃⲉ ⲥⲛⲟⲟⲩⲥ ⲛ̄ ⲗⲁⲥ· | ⲁⲩⲱ
ⲁϥⲟⲩⲱⲛ ⲉ ⲛⲡⲩⲗⲏ | ⲛ̄ⲛ ⲙ̄ⲡⲏⲟⲩⲉ ϩⲛ̄ ⲛⲉϥϣⲁ|ϫⲉ· ⲁⲩⲱ ⲁϥϯ ϣⲓⲡⲉ ⲙ̄ ⲡⲁ̈ⲓ||
ⲉⲧ̀ϩⲓ̂ϫⲛ̄ ⲉⲙⲛ̄ⲧⲉ· ⲁϥⲧⲟⲩ|ⲛⲟⲥ ⲛⲉⲧ̀ⲙⲟⲟⲩⲧ̀· ⲁⲩⲱ | ⲧⲉϥⲙⲛ̄ⲧ̀ϫⲟⲉⲓⲥ
ⲁϥⲃⲁⲗⲉ<ⲥ> | ⲉⲃⲟⲗ· ⲧⲟⲧⲉ ⲁⲩⲛⲟϭ ⲛ̄ ϣⲧⲟⲣ|ⲧⲣ̄ ϣⲱⲡⲉ· ⲁⲩⲧⲱⲱⲛ ⲉϩⲣⲁ̈ⲓ ||
ⲉϫⲱϥ ⲛ̄ϭⲓ ⲛ̄ⲁⲣⲭⲱⲛ ⲛ̄ ⲧⲟⲩ|ⲃⲗ̄ⲕⲉ· ⲁⲩⲟⲩⲱϣⲉ ⲉ ⲧⲁⲁϥ | ⲉⲧⲟⲟⲧϥ̄ ⲙ̄
ⲡⲉⲧ̀ϩⲓϫⲛ̄ ⲉⲙⲛ̄|ⲧⲉ· ⲧⲟⲧⲉ ⲟⲩⲁ ⲉⲃⲟⲗ ϩⲛ̄ | ⲛⲉⲧ̀ⲟⲩⲏϩ ⲛ̄ⲥⲱϥ ⲁⲩⲥⲟⲩ||ⲱⲛϥ̄·
ⲁⲩⲕⲱϩⲧ̄ ϫⲓ ⲉ ⲧⲉϥ|ⲯⲩⲭⲏ ⲁϥⲣ̄ ⲡⲁⲣⲁⲇⲓⲇⲟⲩ | ⲙ̄ⲙⲟϥ· ⲉⲙⲡⲉⲗⲁⲁⲩ ⲥⲟⲩ|ⲱⲛϥ̄·

39:24. <ϕ> Krau.Lab. 40:7. ⲛⲓⲁⲛϩⲟⲙⲟⲓⲟⲛ post corr.: ϩ supra ⟦ⲛ^{ϩ}ⲟ⟧. 10. An ⲧ̀ⲥⲁⲧⲉ ? 12. ⲛ̄<ⲛ̄>ⲛⲉⲓ Krau.Lab., cf. infra, §18 et §41. 14. Locus nondum sanatus. 21. ⲉϥϣⲁⲛ{ⲧⲛ̄}ⲧⲙ̄ Krau. Lab., cf. infra, 46:31. 41:3. ⲛ̄<ϭⲓ> emendavi. 12. ⲁϥⲃⲁⲗⲉ<ⲥ> Krau.Lab. : ⲁϥⲃⲁⲗⲉϥ cod.

gèrent | eux-mêmes[69]. Et ils Le livrèrent aux mains de celui qui règne[67]

30 sur l'enfer. Et Il fut remis à Sasabek | pour 9 pièces de bronze. Il
s'est préparé à descendre pour les confondre. Alors celui qui règne[67]

42* sur l'enfer L'a reçu. * Et la spécificité de Sa chair, il ne l'a pas
trouvée pour s'en saisir et la révéler aux archontes. Mais il disait:
"Qui est | Celui-ci ? Qu'est-Il ?" Son Logos a détruit la loi de l'éon.
Il est issu du Logos de la Puissance de la vie. Et Il a triomphé de la

10 volonté[70] des archontes et | ils n'ont pas été capables de maîtriser
leur oeuvre. Les archontes ont cherché Celui qui est venu à l'existence.
Ils n'ont pas su qu'Il est le signe de leur destruction et | qu'Il est
le changement de l'éon. Le soleil s'est couché en plein jour, le jour
s'est obscurci et les démons se sont troublés[71]. Et après ces événe-

20 ments Il se révélera en s'élevant[72]. | Et le signe de l'éon à venir
deviendra visible. Et les éons fondront. Alors bienheureux seront ceux
qui comprendront | les choses dont on les entretient. Et ils seront
révélés. Et ils seront bienheureux parce qu'ils auront compris la véri-

30 té: | vous vous êtes reposés, en haut, dans les cieux[73]. Alors beaucoup

43* Le suivront et c'est au lieu de leur naissance[74] qu'ils vont agir. *
Ils chemineront. Ils offriront Ses paroles à leur guise[75].

Considérez que ces éons-ci ont passé[76]. (Considérez) de quelle | gran
deur est l'eau de cet éon-là[77] qui a fondu, de quelle dimension sont

10 ces éons, de quelle manière les hommes vont se préparer | à se tenir
debout[78] et à devenir éons infinis[79].
D'abord, après Son[80] enseignement - Il[80] a enseigné[81] le second éon |
ainsi que le premier éon jusqu'à ce que le temps y[82] mette un terme.
Il[80] est devenu[83] le premier éon en marchant en lui jusqu'au terme de

20 Son enseignement d'une durée de 120 | années qui est le chiffre parfait,
très noble[84] - Il[80] a rendu désert l'extrémité de l'occident et Il[80] a

25 ⲁⲩⲉⲓⲣⲉ ⲁⲩⲁⲙⲁⲍⲧⲉ | ⲙ̄ⲙⲟⳓ· ⲁⲩⲉⲓⲛⲉ ⲉⲍⲣⲁⲓ̈ ⲉⲣⲟ||ⲟⲩ ⲛ̄ ⲟⲩⲍⲁⲡ

  ⲟⲩⲗⲁⲩ· | ⲁⲩⲱ ⲁⲩⲅ̄ ⲡⲁⲣⲁⲇⲓⲟⲩ ⲙ̄|ⲙⲟⳓ ⲉⲍⲣⲁⲓ̈ ⲉⲧⲟⲟⲧⳇ ⲙ̄ ⲡⲉⲧ|ⲍ ⲓⲭⲛ̄

30 ⲉⲙⲛ̄ⲧⲉ· ⲁⲩⲱ ⲁⲩⲧⲁ|ⲁⳓ ⲉⲧⲟⲟⲧⳇ ⲛ̄ ⲥ̄ⲁⲥ̄ⲗⲃ̄ⲉⲕ || ⲁ ⲍⲉⲛⲃ̄ⲉⲣⲱⲧ ⳓ· ⲁⳓⲥⲃ̄-

  ⲧⲱ|ⲧⳇ ⲉⲧⲣⲉⳓⲃⲱⲕ ⲉ ⲡⲓⲧⲛ̄ ⲛ̄ⳇ ⳇ ⲉⲗⲉⳓ̀ⲭⲉ ⲙ̄ⲙⲟⲟⲩ· ⲧⲟⲧⲉ | ⲡⲉⲧⲍ ⲓ̀ⲭⲛ̄

42* ⲉⲙⲛ̄ⲧⲉ ⲁⳓⲭⲓⲧ<ⳇ>· * ⲁⲩⲱ ⲡⲧⲣⲟⲡⲟⲥ ⲛ̄ ⲧⲉⳓⲥⲁⲣⲁⲍ | ⲙ̄ⲡ[ⲉ]ⳓⳓ ⲛ̄ⲧⳇ ⲁ

  ⲉⲙⲁⲍⲧⲉ ⲙ̄ⲙⲟⳓ | ⲉⲧⲣⲉⳓⲟⲩⲟⲛⲍ̄ⳇ ⲉⲃⲟⲗ ⲛ̄ ⲛ̄ⲁⲣⲭⲱⲛ· | ⲁⲗⲗⲁ ⲛⲉⳓⳇⲱ ⲙ̄ⲙⲟⲥ

5 ⲭⲉ ⲛⲓⲙ ⲡⲉ || ⲡⲁⲓ̈· ⲟⲩⲟⲩ ⲡⲉ· ⲁⲡⲉⳓⲗⲟⲅⲟⲥ | ⲃⲱⲗ ⲉⲃⲟⲗ ⲙ̄ ⲡⲛⲟⲙⲟⲥ ⲙ̄

  ⲡⲁⲓⲱⲛ· | ⲟⲩⲉⲃⲟⲗ ⲍⲙ̄ ⲡⲗⲟⲅⲟⲥ ⲡⲉ ⲛ̄ ⲧⳓⲟⲙ | ⲙ̄ ⲡⲱⲛⲍ̄· ⲁⲩⲱ ⲁⳓⲭⲣⲟ ⲉ

10 ⲡⲟⲩ|ⲁⲍⲥⲁⲍⲛⲉ ⲛ̄ ⲛ̄ⲁⲣⲭⲱⲛ· ⲁⲩⲱ || ⲙ̄ⲡⲟⲩⳉ ⳓⲙ̄ⳓⲟⲙ ⲉ ⲡⲟⲩⲍⲱⲃ | ⲉ ⲅ̄

  ⲭⲟⲉⲓⲥ ⲉⲭⲱⳓ· ⲁⲛⲁⲣⲭⲱⲛ | ⲕⲱⲧⲉ ⲛ̄ⲥⲁ ⲡⲉⲛⲧⲁⳓⳉⲱⲡⲉ | ⲙ̄ⲡⲟⲩⲏⲙⲉ ⲭⲉ ⲡⲁⲓ̈

15 ⲡⲉ ⲡⲥⲏ|ⲙⲉⲓⲟⲛ ⲙ̄ ⲡⲟⲩⲃⲱⲗ ⲉⲃⲟⲗ· ⲁⲩⲱ || ⲡϣⲓⲃⲉ ⲙ̄ ⲡⲁⲓⲱⲛ ⲡⲉ ⲁⲡⲣⲏ |

  ⲍⲱⲧⲡ̄ ⲙ̄ ⲫⲟⲟⲩ· ⲁⲡⲍⲟⲟⲩ | ⲅ̄ ⲕⲁⲕⲉ· ⲁⲛⲁⲗⲓⲙⲟⲛⲓⲟⲛ ϣⲧⲟⲣ|ⲧⲅ̄· ⲁⲩⲱ

20 ⲙⲛ̄ⲛ̄ⲥⲁ ⲛⲁⲓ̈ ⳓⲛⲁⲟⲩ|ⲱⲛⲍ̄ ⲉⲃⲟⲗ ⲉⳓⲙⲟⲟϣⲉ ⲉⲍⲣⲁⲓ̈· || ⲁⲩⲱ ⳓⲛⲁⲟⲩⲱⲛⲍ̄

  ⲉⲃⲟⲗ ⲛ̄ⳓⲓ | ⲡⲥⲏⲙⲉⲓⲟⲛ ⲙ̄ ⲡⲁⲓⲱⲛ ⲉⲧⲛⲏ|ⲟⲩ· ⲁⲩⲱ ⲥⲉⲛⲁⲟⲩⲱⲧⲍ̄ ⲉⲃⲟⲗ |

25 ⲛ̄ⳓⲓ ⲛⲁⲓⲱⲛ· ⲁⲩⲱ ⲥⲉⲛⲁϣⲱ|ⲡⲉ ⲙ̄ ⲙⲁⲕⲁⲣⲓⲟⲥ ⲛ̄ⳓⲓ ⲛⲁⲓ̈ ⲉⲧⲛⲁ||ⲅ̄ ⲛⲟⲉⲓ ⲛ̄

  ⲛⲁⲓ̈ ⲉⲧⲟⲩϣⲁⲭⲉ | ⲛⲙ̄ⲙⲁⲩ ⲉⲣⲟⲟⲩ· ⲁⲩⲱ ⲥⲉ|ⲛⲁⲟⲩⲟⲛⲍⲟⲩ ⲉⲃⲟⲗ· ⲁⲩⲱ

30 ⲛ̄|ⲥⲉϣⲱⲡⲉ ⲙ̄ ⲙⲁⲕⲁⲣⲓⲟⲥ· ⲭⲉ | ⲥⲉⲛⲁϣⲱⲡⲉ ⲉⲩⲅ̄ ⲛⲟⲉⲓ ⲛ̄ ⲧⲙⲉ· || ⲭⲉ

  ⲁⲧⲉⲧⲛ̄ⲁⲛⲁⲡⲁⲩ{ⲣ}ⲉ ⲉⲍⲣⲁⲓ̈ | ⲁ ⲛⲓⲏⲟⲩⲉ· ⲧⲟⲧⲉ ⲟⲩⲛ̄ⲍⲁⲍ | ⲛⲁⲟⲩⲱⲍ ⲛ̄ⲥⲱⳓ·

43* ⲁⲩⲱ ⲉⲩⲛⲁ|ⲅ̄ ⲉⲛⲉⲣⲅⲉⲓ ⲍⲛ̄ ⲛ̄ⲧⲟⲡⲟⲥ ⲛ̄ ⲛⲟⲩ|ⲭⲡⲟ· * ⲥⲉⲛⲁⲙⲟⲟϣⲉ ⲥⲉⲛⲁⲕⲱ

  ⲉⲍⲣⲁⲓ̈ | ⲛ̄ ⲛⲉⳓϣⲁⲭⲉ ⲕⲁⲧⲁ ⲡⲟⲩⲱϣⲉ |

5 ⲁⲛⲁⲩ ⲭⲉ ⲁⲩⲟⲩⲉⲓⲛⲉ ⲛ̄ⳓⲓ ⲛⲓⲁⲓ|ⲱⲛ ⲉⲧⲉⲛⲁⲓ̈ ⲛⲉ· ⲭⲉ ⲟⲩⲁϣ || ⲛ̄

  ⲁⲙⲁⲉⲓⲏ ⲡⲉ ⲡⲉⳓⲙⲟⲟⲩ [ⲛ̄]|ⲧⲉ ⲡⲓⲁⲓⲱⲛ ⲉⲧⲙ̄ⲙⲁⲩ ⲉⲧⲁⲍ|ⲟⲩⲱⲧⲍ̄ ⲉⲃⲟⲗ· ⲭⲉ

10 ⲍⲉⲛⲁⲓⲱⲛ | ⲛ̄ ⲁϣ ⲛ̄ ⲁⲉⲓⲏ ⲛⲉ· ⲭⲉ ⲁϣ ⲧⲉ | ⲑⲉ ⲉⲧⲉⲛ̄ⲣⲱⲙⲉ ⲛⲁⲥⲃ̄ⲧⲱⲧⲟⲩ||

  ⲛ̄ⲥⲉⲁⲍⲉⲣⲁⲧⲟⲩ· ⲛ̄ⲥⲉϣⲱⲡⲉ | ⲛ̄ ⲁⲓⲱⲛ ⲛ̄ ⲁⲧⲱ̀ⲭⲛ̄·

  ϣⲟⲣⲡ̄ ⲇⲉ | ⲙⲛ̄ⲛ̄ⲥⲁ ⲡⲉⳓⲧⲁϣⲉ ⲟⲉⲓϣ· | ⲉⳓⲧⲁϣⲉ ⲟⲉⲓϣ ⲙ̄ ⲡⲙⲁⲍ ⲛ̄

15 ⲁⲓ|ⲱⲛ ⲥⲛⲁⲩ· {ⲁⲩⲱ ⲡϣⲟⲣⲡ̄·} || ⲁⲩⲱ ⲡϣⲟⲣⲡ̄ ⲛ̄ ⲁⲓⲱⲛ ϣⲁ|ⲣⲉⳓϣⲱⲭⲛ̄

  ⲍⲓ̀ⲧⲙ̄ ⲡⲟⲩⲁⲉⲓϣ· | ⲁⳓⲅ̄ ⲡϣⲟⲣⲡ̄ ⲛ̄ ⲁⲓⲱⲛ ⲉⳓⲙⲟ|ⲟϣⲉ ⲛ̄ⲍⲏⲧⳇ· ϣⲁⲛⲧⲉⳓϣⲱⲭⲛ̄|

20 ⲉⳓⲧⲁϣⲉ ⲟⲉⲓϣ ⲛ̄ ϣⲉ ⲭⲟⲩⲱ||ⲧⲉ ⲛ̄ ⲣⲟⲙⲡⲉ ⲛ̄ ⲛⲡⲉ· ⲉⲧⲉ|ⲡⲗⲁⲉⲓ ⲡⲉ ⲡⲁⲣⲓⲑ-

  ⲙⲟⲥ | ⲛ̄ ⲧⲉⲗⲉⲓⲟⲥ ⲉⲧ̀ⲭⲟⲥⲉ ⲙ̄ⲡϣⲁ· | ⲁⳓⲉⲓⲣⲉ ⲙ̄ ⲡⲧⲁⲡ̄ ⲙ̄ ⲡ<ⲙ>ⲁ ⲛ̄ |

41:25. An ⲍⲁⲡ̄ ? 33. ⲁⳓⲭⲓⲧⳓ cod.? 42:3. ⲛ̄ⲁⲣⲭⲱ̄ cod.
4. ⲛⲉⲩⲭⲱ Krau.Lab. fort. recte. 30. ⲁⲛⲁⲡⲁⲩ{ⲣ}ⲉ Krau.Lab.
43:2. I.e. ⲡⲟⲩ<ⲟⲩ>ⲱϣⲉ Krau.Lab., cf.supra, 39:32-33. 15-16. An
ϣⲁⲛⲧⲉⳓϣⲱⲭⲛ̄ legend.? Cf.43:18. 21-22. ⲁⲣⲓⲑⲙⲟⲥ 〚ⲛ̄ⲧⲉ〛 ⲛ̄ ⲧⲉⲗⲉⲓⲟⲥ
cod. (corr.librarius). 23. ⲡ<ⲙ>ⲁ Krau.Lab., cf.44:1 et infra, §3b.

détruit l'orient. Alors, ta semence[85] et ceux qui désirent marcher der-
rière notre grand Logos et son enseignement (se sont tenus debout)[86].

30   Alors la colère[87] des | archontes a flambé, ils ont eu honte de leur
anéantissement, puis ils se sont consumés, ils se sont mis en colère
contre la vie. Les villes se sont écroulées, les montagnes se sont ef-
44* fondrées. L'archonte et * les archontes des occidents sont venus jusqu'
l'orient parce que c'est en ce lieu-là que le Logos est apparu[88] au
début. | Alors la terre a tremblé et les villes se sont désorganisées.
Alors les oiseaux ont mangé et se sont rassasiés de leurs charognes[89].
La terre et le monde furent en deuil. Ils sont devenus déserts.

10   Puis, lorsque | les temps ont été accomplis, alors la méchanceté s'es
élevée beaucoup et jusqu'à l'extrême limite du Logos. Alors l'archonte
des occidents s'est levé. Et c'est de l'orient qu'il va agir et enseigner aux hommes sa méchanceté[90]. Et ce qu'il désire, c'est détruire
20 tous les enseignements qui sont discours de sagesse sur la vérité, |
par amour de la sagesse mensongère. Il a, en effet, mis la main[91] sur
ce qui existait à l'origine, désirant y introduire la méchanceté pour
la vêtir de dignité. Il en fut incapable | parce que nombreux sont ses
souillures et ses vêtements. Alors il s'est irrité, il s'est révélé, il
a voulu s'élever et dépasser ce lieu-là.

30   Alors | le moment opportun s'est présenté, il s'est approché et il
change les règles. Alors est venu le temps pendant lequel le petit
45* enfant a grandi. Lorsque ce dernier parvint à son plein développement,*
alors les archontes ont envoyé l'Imitateur[92] vers cet homme-là, afin
de connaître notre Grande Puissance. Et | eux, ils attendaient de lui
qu'il fasse un signe. Et il a apporté de grands signes et a régné sur
10 la terre entière ainsi que | sur tous ceux qui vivent sous le ciel.
Il a placé son trône sur la limite de la terre, car: "Toi, je te don-
nerai comme dieu pour le monde"[93] . Il fera des signes | et des prodiges
Alors ils se détourneront de moi et ils s'égareront. Alors les hommes
20 qui s'engageront à sa suite introduiront la circoncision. | Et il ju-
gera ceux qui sont dans l'incirconcision, c'est-à-dire le peuple. Car
il a envoyé de nombreux héraut, au début, enseigner à son[94] sujet.

25 ⳨ⲱⲧⲡ̄ ⲛ̄ ⳤⲁⲉⲓⲉ· ⲁⲩⲱ ⲁ⳽||ⲧⲁⲕⲟ ⲛ̄ ⲧⲁⲛⲁⲧⲟⲗⲏ· ⲧⲟⲧⲉ | ⲡⲉⲕⲥⲡⲉⲣⲙⲁ ⲙⲛ̄
ⲛⲉⲧⲟⲩ|ⲱϣⲉ ⲉ ⲙⲟⲟϣⲉ ⲛ̄ⲥⲁ ⲡⲉⲛ|ⲛⲟϭ ⲛ̄ ⲗⲟⲅⲟⲥ ⲙⲛ̄ ⲡⲉ⳽ⲧⲁϣⲉ | ⲟⲉⲓϣ·

30   ⲧⲟⲧⲉ ⲁⲧⲃ̄ⲕⲉ ⲛ̄ ⲛ̄ⲁⲣ||ⲭⲱⲛ ⳤⲉⲣⲟ· ⲁⲩⳤⲓ ϣⲓⲡⲉ ⲉ|ⳤⲣⲁ⳿ⲓ ⲉⳤⲛ̄ ⲡⲟⲩⲃⲱⲗ
ⲉⲃⲟⲗ· | ⲁⲩⲱ ⲁⲩⲟⲩⲱϣⲉ ⲁⲩⲃⲱⲗⲕ̄ | ⲉ ⲡⲱⲛⳍ· ⲁⲛⲡⲟⲗⲓⲥ ϣⲟⲣ⳽ⳍ | ⲁⲛⲧⲟⲟⲩ

44* ⲃⲱⲗ ⲉⲃⲟⲗ· ⲁ⳽ⲉⲓ̂ || ⲉⳤⲣⲁ⳿ⲓ ⲛ̄ϭⲓ ⲡⲁⲣⲭⲱⲛ ⲙⲛ̄ ⲛ̄*ⲁⲣⲭⲱⲛ ⲛ̄ ⲛ̄ⲙⲁ ⲛ̄ ⳨ⲱⲧⲡ̄
ϣⲁ | ⲧⲁⲛⲁⲧⲟⲗⲏ· ⳤⲉ ⲡⲧⲟⲡⲟⲥ ⲉⲧⲙ̄|ⲙⲁⲩ ⲉⲧⲁⲡⲗⲟⲅⲟⲥ ⲟⲩⲱⲛⳍ | ⲉⲃⲟⲗ

5 ⲛ̄Ⳍⲏⲧ⳽ ⲛ̄ ϣⲟⲣⲡ̄· ⲧⲟⲧⲉ || ⲁⲡⲕⲁ⳨ ⲕⲓⲙ· ⲁⲩⲱ ⲁⲛⲡⲟⲗⲓⲥ | ϣⲧⲟⲣⲧ⳽· ⲧⲟⲧⲉ
ⲁⲛⳌⲁⲗⲗⲁⲧⲉ | ⲟⲩⲱⲙ· ⲁⲩⲱ ⲁⲩⲥⲉⲓ ⲉⲃⲟⲗ | Ⳍⲛ̄ ⲛⲟⲩⲡⲉⲧ̇ⲙⲟⲟⲩⲧ· ⲁⲡⲕⲁ⳨ |

10 ⳝ ⲡⲉⲛⲑⲉⲓ ⲙⲛ̄ ⲧⲟⲓⲕⲟⲩⲙⲉⲛⲏ || ⲁⲩⳝ ⳤⲁⲉⲓⲉ·
    ⲧⲟⲧⲉ ⲛ̄ⲧⲁⲣⲉⲛ̄|ⲭⲣⲟⲛⲟⲥ ⳤⲱⲕ· ⲧⲟⲧⲉ ⲁⲧⲕⲁⳤⲓⲁ | ⳤⲓⲥⲉ ⲉⲙⲁⲧⲉ· ⲁⲩⲱ

15 ϣⲁ ⲑⲁⲛ | ⲛ̄ ⲡⲧⲉⲗⲟⲥ ⲛ̄ ⲡⲗⲟⲅⲟⲥ· ⲧⲟⲧⲉ | ⲁ⳽ⲧⲱⲟⲩⲛ ⲛ̄ϭⲓ ⲡⲁⲣⲭⲱⲛ ⲛ̄ ⲛ̄ⲥⲁ||
ⲛ̄ ⳨ⲱⲧⲡ̄· ⲁⲩⲱ ⲉⲃⲟⲗ Ⳍⲛ̄ ⲧⲁⲛⲁ|ⲧⲟⲗⲏ ⲉ⳽ⲛⲁⳝ ⲟⲩⳌⲱⲃ ⲛ̄⳽ ⲥⲃⲱ | ⲛ̄ ⲛ̄ⲣⲱⲙⲉ
ⲉⳳⲟⲩⲛ ⲉ ⲧⲉ⳽ⲕⲁⳤⲓⲁ· | ⲁⲩⲱ ⲉ⳽ⲟⲩⲱϣ ⲉ ⲃⲱⲗ ⲉⲃⲟⲗ | ⲛ̄ ⲥⲃⲱ ⲛⲓⲙ ⲛ̄

20 ⲗⲟⲅⲟⲥ ⲛ̄ ⲥⲟⲫⲓⲁ ⲛ̄ⲧⲉ ⲧⲙⲉ· || ⲉ⳽ⲙⲉ ⲛ̄ ⲧⲥⲟⲫⲓⲁ ⲛ̄ ϭⲟⲗ· ⲁ⳽Ⳍⲟⲩ | ⲧⲟⲟⲧ⳽
ⲅⲁⲣ ⲉ ⲡⲁⲣⲭⲁⲓⲟⲛ ⲉ⳽ⲟⲩ|ⲱϣⲉ ⲉ ⲉⲓⲛⲉ ⲉⳳⲟⲩⲛ ⲛ̄ ⲧⲕⲁ|ⳤⲓⲁ ⲛ̄⳽ⳝ ⳤⲓ̂ⲱⲱ⳽

25 ⲛ̄ ⲟⲩⲙⲛ̄ⲧ̄|ⲥⲉⲙⲛⲟⲥ· ⲙ̄ⲡⲉ⳽ϭⲛ̄ϭⲟⲙ⳿|| ⲉⲃⲟⲗ ⳤⲉ ⲛⲁϣⲉ ⲡⲉ⳽ⳤⲱⳳⲙ̄ | ⲙⲛ̄
ⲛⲉ⳽ⲉⲛⲁⲩⲙⲁ· ⲧⲟⲧⲉ ⲁ⳽ | ⲃⲱⲗⲕ̄ ⲁ⳽ⲟⲩⲱⲛⳍ ⲉⲃⲟⲗ ⲁ⳽ⲟⲩ|ⲱϣⲉ ⲉ ⲧⲁⲗⲟ ⲛ̄⳽ⲟⲩⲱ-
ⲧⲃ̄ ⲉⳤⲣⲁ⳿ⲓ | ⲉ ⲡⲧⲟⲡⲟⲥ ⲉⲧⲙ̄ⲙⲁⲩ·

30   ⲧⲟⲧⲉ || ⲁⲡⲕⲁⲓⲣⲟⲥ ⲉ⳽ ⲁ⳽ⳳⲛⲁⲛ ⲁⲩⲱ | ⳽ϣⲓⲃⲉ ⲛ̄ ⲛ̄ⲁⲓⲁⲧⲁⲅⲏ· ⲧⲟⲧⲉ|
ⲁ⳽ⲉⲓ̂ ⲛ̄ϭⲓ ⲡⲟⲩⲟⲉⲓϣ· ⳳⲉⲱⲥ | ϣⲁⲛⲧⲉⲡϣⲏⲣⲉ ϣⲏⲙ ⲁⲉⲓ|ⲁⲉⲓ̂· ⲛ̄ⲧⲁⲣⲉ⳽ⲉⲓ̂

45* ⲉ ⲧⲉ⳽ⲁⲕⲙⲏ· * ⲧⲟⲧⲉ ⲁⲛⲁⲣⲭⲱⲛ ⲧⲛ̄ⲛⲟⲟⲩ | ⲙ̄ ⲡⲁⲛⲧⲓⲙⲉⲓⲙⲟⲛ ϣⲁ ⲡⲣⲱ|ⲙⲉ
ⲉⲧⲙ̄ⲙⲁⲩ <ⳳⲱⲥⲧⲉ> ⲛ̄ⲥⲉⲥⲟⲩⲱⲛ | ⲛ̄ ⲧⲛ̄ⲛⲟϭ ⲛ̄ ϭⲟⲙ· ⲁⲩⲱ ⲛ̄||ⲧⲟⲟⲩ ⲛⲉⲩⲥⲟⲛⲧ̄
ⲉⲃⲟⲗ ⳳⲏ|ⲧ⳽ ⳤⲉ ⳽ⲛⲁⲉⲓⲣⲉ ⲛⲁⲩ ⲛ̄ ⲟⲩ|ⲥⲏⲙⲉⲓⲟⲛ· ⲁⲩⲱ ⲁ⳽⳽ⲓ ⲛ̄ ⳳⲉⲛ|ⲛⲟϭ

10 ⲛ̄ ⲥⲏⲙⲉⲓⲟⲛ· ⲁⲩⲱ ⲁ⳽ⳝ ⳝ|ⲣⲟ ⲉⳤⲛ̄ ⲡⲕⲁ⳨ ⲧⲏⲣ⳽· ⲁⲩⲱ || ⲁ<ⲭ>ⲛ̄ ⲛⲉⲧ⳨ⲁ
ⲧⲡⲉ ⲧⲏⲣⲟⲩ· | ⲁ⳽ⲕⲁ ⲡⲉ⳽ⲑⲣⲟⲛⲟⲥ ⳤⲓ̂ⳤⲛ̄ ⲑⲁ|ⲏ ⲛ̄ⲧⲉ ⲡⲕⲁ⳨· ⳤⲉ ⲛ̄ⲧⲟⲕ

15 ⳝⲛⲁ|ⲧⲁⲁⲕ ⲛ̄ ⲛⲟⲩⲧⲉ ⲙ̄ ⲡⲕⲟⲥⲙⲟⲥ· | ⳽ⲛⲁⲉⲓⲣⲉ ⲛ̄ ⳳⲉⲛⲥⲏⲙⲉⲓⲟⲛ || ⲙⲛ̄
ⳳⲉⲛϣⲡⲏⲣⲉ· ⲧⲟⲧⲉ ⲥⲉ|ⲛⲁⲡⲱⲛⲉ ⲛ̄ⳳⲏⲧ ⲛ̄ⲥⲉⳝ ⲡⲗⲁ|ⲛⲁ· ⲧⲟⲧⲉ ⲛ̄ⲣⲱⲙⲉ

20 ⲉⲧⲙ̄ⲙⲁⲩ | ⲉⲧⲛⲁⲟⲩⳳⲟⲩ ⲛ̄ⲥⲱ⳽ ⲥⲉ|ⲛⲁⲉⲓⲛⲉ ⲉⳳⲟⲩⲛ ⲙ̄ ⲡⲥⲃ̄ⲃⲉ· || ⲁⲩⲱ
ⲛ̄⳽ⳝⳳⲁⲡ̈ ⲉ ⲛⲉⲧ⳨ⲛ̄ ⲧⲓ|ⲙⲛ̄ⲧ̄ⲁⲧⲥⲃⲃⲉ ⲉⲧⲉⲡⲁ⳿ⲓ ⲡⲉ | ⲡⲗⲁⲟⲥ· ⲕⲁⲓ ⲅⲁⲣ
ⲁ⳽ⳤⲟⲟⲩ ⳳⲁⳳ | ⲛ̄ ⲕⲏⲣⲩⳳ ⲛ̄ ϣⲟⲣⲡ̄ ⲉⲩⲧⲁ|ϣⲉ ⲟⲉⲓϣ ⳳⲁⲣⲟ⳽·

43:24. An ⳨ⲱⲧⲡ̄ ?   44:19. ⲛ̄ ⲥⲟⲫⲓⲁ in marg. script.   27. An
ⲃⲱⲗⲕ̄ ?   45:3. <ⳳⲱⲥⲧⲉ> emendavi.   10. ⲁ<ⲭ>ⲛ̄ corr. Krau.Lab.
ut videtur : ⲁ⳨ⲛ̄ cod., cf.§21, note 9.

Dès qu'il aura | accompli le temps qui a été imparti au royaume de la terre, alors viendra la purification des âmes[95] parce que la méchan-

30 ceté | a séjourné auprès de vous[96]. Toutes les puissances marines trembleront, elles se désssécheront. Et le firmament ne versera plus la ro-

46* sée, les sources | tariront. Les fleuves ne couleront plus * vers[97] leurs sources. Et les eaux des sources de la terre s'épuiseront. Alors les profondeurs fléchiront, s'ouvriront, les étoiles | grandiront et le soleil s'éteindra. Et je me retirerai avec tous ceux qui me connaî-

10 tront. Et ils entreront dans la lumière incommensurable sans que | rien de ce qui appartient à la chair, ni la délicatesse[98] du feu, ne se saisissent d'eux. Ils deviendront légers et purs, et rien ne les tirera vers le bas. De ma main | je les protège[99], car ils ont des vêtements

20 purs que le feu[100], ou même de la ténèbre, ou du | vent, ou un instant bref comme un battement de paupière[101], ne peuvent atteindre[102].

Alors le feu[103] viendra pour les exterminer tous[104] et ils seront punis jusqu'à ce qu'ils deviennent purs. | Alors, c'est leur temps, celui qui leur est échu pour être retenus[105], qui leur a été compté à

30 1468 années[106]. Dès que le feu les aura tous brûlés | et qu'il ne trouvera rien à brûler, alors, de lui-même, il s'éteindra[107]. Alors sera

47* accompli * (...) la deuxième puissance (...)[108]. (Alors) viendra la pitié (...) grâce à la sagesse (...). | Alors les firmaments (tomberont) vers la profondeur. Puis les fils de la matière disparaîtront et ils n'existeront plus désormais.

10 Alors les âmes seront révélées | pures[109], grâce à la lumière de la Puissance qui est supérieure à toutes les puissances, l'Incommensurable l'Universelle. Avec moi, tous ceux qui me connaîtront[110] | viendront alors à l'existence dans l'éon de la beauté qui appartient à l'éon de la justice, préparés par la sagesse, ayant glorifié Celui qui est dans

20 l'Unité unique, | inaccessible. Et c'est à cause du désir de Lui qui est en eux qu'ils Le voient. Et ils sont tous devenus images grâce à Sa lumière, | ils sont tous devenus lumière, ils se sont reposés dans

25   ₂ΟΤΑΝ ‖ ΕϤϢΑΝΧⲰΚ ΕΒΟΛ Ⲙ ΠΧΡΟ|ΝΟⳞ ΕΤΑΥⳞΜⲚΤϤ Ⲛ ΤΜⲚ|ΤⲢⲢΟ Ⲙ
   ΠΚΑ₂· ΤΟΤΕ ϤΝΗΥ | Ⲛ̄ϬΙ ΠΚΑΘΑΡΙⳞΜΟⳞ Ⲛ̄ Ⲛ̄ΨΥ|ΧΗ· ΕΒΟΛ ΧΕ ΑⳞϤ

30   ₂<Ο>ΟΥ ΕΡⲰ‖ΤⲚ̄ Ⲛ̄ϬΙ ΤΚΑϬΙΑ· ⳞΕΝΑΝΟΕΙΝ | Ⲛ̄ϬΙ Ⲛ̄ϬΑΜ Ⲛ̄ ΘΑΛΑⳞⳞΑ
   ΤΗΡΟΥ | Ⲛ̄ⳞΕϢΟΟΥΕ· ΑΥⲰ ΠΕⳞΤΕ|ΡΕⲰΜΑ ϤΑϢΟΥΕ ΕΙⲰΤΕ | ΑΝ Ε₂ΡΑΪ·

46*   Ⲙ̄ΠΗΓΗ ⳞΕΝΑⲰ‖ΧⲚ· ΝΙΕΡⲰΟΥ ⳞΕΝΕ₂ΕϤ ΑΝ * Ε₂ΡΑΪ Ε ΝΟΥΠΗΓΗ ΑΥⲰ
   Ⲙ̄|ΜΟΥΕΙΟΟΥΕ Ⲛ̄Ⲛ Ⲙ̄ΠΗΓΗ Ⲛ̄ΤΕ | ΠΚΑ₂ ⳞΕΝΑⲰΧⲚ· ΤΟΤΕ Ⲛ̄ΝΟΥΝ | ⳞΕΝΑ-
5   ϬⲰΛΕϬ Ⲛ̄ⳞΕΟΥⲰΝ· Ⲛ̄ⳞΙΟΥ ‖ ⳞΕΝΑΛΕΙΕΙ· ΑΥⲰ ΠΡΗ ϤΝΑⲰ|ΧⲚ ΑΥⲰ ϮΝΑϤ
   ΑΝΑΧⲰΡΕΙ ΜⲚ | ΟΥΟΝ ΝΙΜ ΕΤΝΑⳞΟΥⲰΝϤ·| ΑΥⲰ ⳞΕΝΑΒⲰΚ Ε₂ΟΥΝ Ε

10   ΠΟΥ|ΟΕΙΝ Ⲛ̄ ΑΜΕΤΡΗΤΟΝ· ΕΜⲚ̄‖ΛΑΑΥ Ⲛ̄ΤΕ ΤⳞΑΡΑ₂ ΑΜΑ₂ΤΕ | Ⲙ̄ΜΟΟΥ·
   ΟΥΤΕ ΤΡΥΦΗ Ⲛ̄ΤΕ | ΠΚⲰ₂Τ̄ ⳞΕΝΑϢⲰΠΕ ΕΥΕⳞΙ|ϢΟΥ ΕΥΟΥΛΑΒ· ΕΜⲚ̄ΛΑΑΥ|

15   ⳞⲰΚ Ⲙ̄ΜΟΥ Ε ΠΙΤⲚ̄· ΕΕΙϤ ‖ ⳞΚΕΠΑⳞΕ Ⲙ̄ΜΟΟΥ ₂Ⲓ̄ΤΟΟΤ·̄ | ΕΥⲚ̄ΤΑΥ
   Ⲙ̄ΜΑΥ Ⲛ̄ ⲠΕΝΑΥ|ΜΑ ΕΤΟΥΛΑΒ· ΝΑΪ ΕΤΕⲘ̄ⲘⲚ̄|ϬΟΜ Ⲛ̄ΤΕ ΠΚⲰ₂Τ̄ ΧⲰ₂

20   ΕΡΟ|ΟΥ· ΕΙΤΑ ΟΥΚΑΚΕ ΜⲚ ΟΥ‖ΤⲚΟΥ ΜⲚ ΟΥⳞΤΙΓΜΗ· ₂ⲰⳞ|ΤΕ Α ΤΕϤ
   ΤⲰΜ Ⲛ̄ Ⲛ̄ΒΕΛ·

   ΤΟΤΕ | ϤΝΗΟΥ Ε ϤΟΤΟΥ ΤΗΡΟΥ ΕΒΟΛ· |ΑΥⲰ ⳞΕΝΑϢⲰΠΕ ΕΥϤ
25   ΚΟΛΛ|₂Ε Ⲙ̄ΜΟΟΥ ϢΑΝΤΟΥΤⲂ̄ΒΟ· ‖ ΤΟΤΕ ΠΟΥΧΡΟΝΟⳞ ΕΤΑΥΤΑ|ΑϤ ΝΑΥ Α
   ΤΡΕΥ ΕΜΑ₂ΤΕ Ε|ΤΑΥΟΠϤ ΕΡΟΟΥ· Ⲙ̄ ΜⲚ̄ΤΑϤ|ΤΕ Ⲛ̄ ϢΕ Ⲛ̄ ΡΟΜΠΕ ⳞΕ ΜⲚ

30   ϢΜΟΥ|ΝΕ· ₂ΟΤΑΝ ΕΡϢΑΝΠΚⲰ₂Τ̄ ‖ ΡΑΚ₂ΟΥ ΤΗΡΟΥ· ΑΥⲰ Ε|ϢΑϤΤⲚ̄ΤⲚ̄ϬⲚ̄
   ΛΑΑΥ Ε ΡⲰΚ₂ | ΤΟΤΕ ΕϤΝΑⲰΧⲚ̄ ΕΒΟΛ ₂Ⲓ̄ΤΟΟΤϤ̄ | ΟΥΛΑϤ· ΤΟΤΕ ϤΝΑ-

47*   ΧⲰΚ ΕΒΟΛ * Ⲛ̄ϬΙ Π₂[± 11-13]|ΤΕ ΤΜΑ₂ ϬΑΜ [± 6-8]|ΤΕ ΠΝΑ
   Ⲛ̄ΝΗΟΥ [± 5-7]| ₂ΙΤⲚ̄ ΤⳞΟΦΙΑ Ε[± 5-7]‖ ΤΟΤΕ Ⲛ̄ⳞΤΕΡΕⲰΜΑ
   [± 3-5]|Ε ΠΙΤⲚ̄ Ε ΠΝΟΥΝ· ΤΟΤΕ [Ⲛ̄]|ϢΗΡΕ Ⲛ̄ ΘΥΛΗ ΝΑⲰΧⲚ̄· Ⲛ̄
   ⳞΕ|ΝΑϢⲰΠΕ ΑΝ ΧΙΝ Ⲙ̄ ΠΕΪΝΑΥ· |

10   ΤΟΤΕ Ⲛ̄ΨΥΧΗ ΝΑΟΥⲰⲚ₂̄ ‖ ΕΒΟΛ ΕΥΟΥΛΑΒΕ ₂ⲒΤⲘ̄ ΠΟ[Υ]|ΟΕΙΝ Ⲛ̄ ΤϬΟΜ·
   ΤΑΪ ΕΤΧΟⳞΕ̣ | Ε Ν̄ϬΟΜ ΤΗΡΟΥ· ϮΑΤϢ̣Ι̣[ΤϬ̄] | ϮΚΑΘΟΛΙΚΗ· ΑΝΟΚ ΜⲚ|
15   ΝΕΤΝΑⳞΟΥⲰΝϤ̄ ΤΗΡΟΥ· ‖ ΑΥⲰ ⳞΕΝΑϢⲰΠΕ ₂Ⲙ̄ ΠΑΙ|ⲰΝ ΤΜⲚ̄ΤⳞΑΒΕΙΕ·
   Ⲛ̄ΤΕ | ΠΑΙⲰΝ Ⲙ̄ ΦΑⲠ̄ ΕΥⳞⲂ̄ΤΑΤ· | ₂Ⲛ̄ ΤⳞΟΦΙΑ· ΕΑΥϮ ΕΟΟΥ | Ⲙ̄ ΠΕΤ₂Ⲛ̄
20   ΤΜⲚ̄ΤΟΥΑ Ⲛ̄ ΟΥ‖ⲰΤ̄ Ⲛ̄ ΑΤΤΕ₂ΟϤ· ΑΥⲰ ΕΥ|ΝΑΥ ΕΡΟϤ ΕΤΒΕ ΠΕϤΟΥⲰ|ϢΕ
25   ΕΤⲚ₂ΗΤΟΥ· ΑΥⲰ | ΑΥϢⲰΠΕ ΤΗΡΟΥ Ⲛ̄ ₂Ⲓ̄|ΚⲰΝ ₂Ⲙ̄ ΠΕϤΟΥΟΕΙΝ· ΑΥ‖Ϥ

45:25. An ΧⲰⲔ̣ ?   29. Ϥ₂<ο>ΟΥ ΕΡⲰΤⲚ̄ emendavi, cf.CG VI,50:33 :
Ϥ₂ΟΥΕ <Ε>ΡⲰΤⲚ̄ Quecke (*Or.*,42,1973,p.533).   46:8. An ΒⲰⲔ̣ ?
31. ΕϢΑϤ{ΤⲚ̄}ΤⲚ̄ Krau.Lab., cf.supra 40:21.   47:1. In fine versus
11-13 litt. desunt, possis Π₂[ΑΠ Ⲛ̄ΤΕ ΠΚⲰ₂Τ̄ Ε]ΤΕ, cf.46:21-24.
2. In fine versus 6-8 litt. desunt, possis ΤΜΑ₂ ϬΑΜ [ⲤⲚ̄ΤΕ ΠΕ· ΤΟ]
ΤΕ.   3. In fine versus 5-7 litt. desunt, possis [ΕΧⲰΟΥ].
4. In fine versus 5-7 litt. desunt; prima litt. Ν aut Π aut Ι aut Γ
legend.   5. In fine versus 3-5 litt. desunt, possis [ΝΑ₂Ε] :
[ⳞΕΝΑ₂Ε] Krau.Lab.

30   Son repos[111]. Et les âmes châtiées, Il les anéantira, et elles vivront |

        dans la purification[112]. Et elles verront les saints, elles crieront

        vers eux: "Aie pitié de nous, ô Puissance qui est supérieure à toutes

48*   les puissances". Parce que * (...) et dans (...) qui existent (...).

        Le (...) de leurs yeux[113]. (Et elles ne) Le[114] cherchent pas | parce

        qu'elles ne nous cherchent pas, et n'ont pas confiance en nous. Mais

        elles ont agi en faveur de la création archontique ainsi qu'en faveur

10   de ses archontes[115]. Et nous avons agi contre[116] notre | origine char-

        nelle[117] dans[118] la création archontique[119] qui fait loi[120], puisque

        nous, nous aussi, nous sommes venus à l'existence dans l'éon immu-

        able[121].

          LE CONCEPT DE NOTRE GRANDE PUISSANCE.

ОУО6IN ТНРОУ· ΛΥΝΤΟΝ | ΝΜΟΟΥ 2Ν Τ6ΨΛΝΛΠΛΥСIС· | ΛΥШ ΝΨΥΧΗ

30 6ТОУГ КО|ΛΛΖ6 ΝΜΟΟΥ ΨΝΛΒΟΛΟΥ | 6ΒΟΛ· ΛΥШ ΝС6ШШΠ6 ‖ 2Ν

ΠΤΟΥΒΟ· ΛΥШ С6ΝΛ|ΝΛΥ 6 Ν6ΤΟΥΛΛΒ· С6ΝΛ|ΧΙ ШΚΛΚ 6ΒΟΛ 6ΡΟΟΥ Χ6 |

48* ΝΛ ΝΛΝ Τ6ΟΜ· ΤΛΪ 6ΤΝ ΤΠ6 | Ν Ν6ΟΜ ΤΗΡΟΥ· 2ΟΤΙ Χ6 * [± 10-

11] ΛΥШ 2Ν ΠШΗ|[± 7-8]ΟΝΖ 6ΤШООΠ 6|[± 6-7] 6ΡΟΨ Ν

5 ΝΟΥΒΛΛ· | [± 6-7] ΚШΤ6 ΝСШΨ ΛΝ· ‖ [± 4-5] Χ6 С6ΚШΤ6

ΝСШΝ ΛΝ· | [ΟΥ]Λ6 ΝС6ΠΙСΤ6Υ6 6ΡΟΝ ΛΝ· | ΛΛΛΛ ΛΥ6ΙΡ6 Λ

ΤΚΤΙСΙС Ν | ΝΛΡΧШΝ ΜΝ Ν6СΚ6ΛΡΧШΝ· | ΛΥШ ΛΝΓ ΠΡΛССΛ ΚΛΤΛ

10 ΤΝ‖Γ6Ν6СΙС ΝΤ6 ТСΛΡΛΖ Ν ΤΚΤΙ|СΙС Ν ΝΛΡΧШΝ 6С† ΝΟΜΟС· |

ΛΝΟΝ 2ШШΝ 6ΛΝШШΠ6 | 2Ν ΠΛΙШΝ Ν ΛΤΡΟΠ{Τ}ΟС : |

ΠΝΟΗΜΛ Ν ΤΝΝΟ6 Ν 6ΟΜ :

48:1. 10-11 litt. desunt, possis [С6 2Ν ΠΤΟΥΒΟ], cf.47:30.
2. 7-8 litt. desunt, ШΗ[Ρ6 Ν ΠΧΙ Ν 6]ΟΝΖ Krau.Lab.; possis et
ШΗ[Κ6 Ν ΠΧΙ Ν 6]ΟΝΖ aut ШΗ[ΚΖ Ν ΠΧΙ Ν 6]ΟΝΖ, cf.Kahle,
Bala'izah, p.78, §39A.   3. 6-7 litt. desunt, 6[ΝС6ΝΛΥ] Krau.Lab.;
possis 6[ΤΝΝΛΥ], cf.47:30 et 36:24-25.   4. 6-7 litt. desunt,
[ΛΛΛΛ С6] Krau.Lab., possis et [ΛΥШ С6], cf.48:5.   5. [6ΒΟΛ]Λ
Krau.Lab.   6. [ΟΥ]Λ6 Krau.Lab.   13. ΛΤΡΟΠ{Τ}ΟС Krau.Lab.,
possis et ΛΤΡ<6>ΠΤΟС.

N O T E S

1 Litt.: *de la Grande Puissance*. V.apparat critique et 48:14;36:3,27. Titre original possible: Ἡ διανοητικὴ αἴσθησις. Τὸ νόημα τῆς (ἡμῶν) μεγάλης δυνάμεως, cf.MAHE, *Hermès*, p.14. A rapprocher de ἐπίνοια τῆς μεγάλης δυνάμεως, cf.HIPP., *Ref.*, VI,9,4. Cf.aussi CG VI,2*(Brontè)*21:8. Sur le problème du titre dans les écrits de Nag Hammadi, cf.KRAUSE-LABIB, *Gnost.und herm.Schriften*, pp.16-21.

2 V.infra, 46:18. Cf.aussi l'*Apophasis* dans HIPP., *Ref.*, VI,9,3 et *Deut.*,*4:24*

3 V.infra, 47:10.

4 Litt.: *il*.

5 Litt.: *vos emprises*. Rend probablement un génitif objectif. V.§34.

6 A rapprocher de l'*Apophasis* dans HIPP., *Ref.*,VI,9,10.

7 Sur la durée de vie fixée à 120 ans, cf.*Gen.*,6:3. V.infra, 38:27 et 43:19. Sur l'enfant de sept jours, cf.CG II,2*(EvTh)*33:5-10.

8 *Ces* rend la forme copte ⲛⲉⲉⲓ-. Il s'agit probablement ici de l'article démonstratif d'origine AA_2 et non de la lere p.s. du Prétérit (TILL, *Achmim Gramm.*, §50a), le mot ainsi déterminé, ϩⲧⲟⲣ, ayant valeur de substantif et non de verbe. La reprise de ⲟⲩⲟⲛ ⲛⲓⲙ par ⲉⲣⲟⲟⲩ est rendue certaine en raison de la présence du possessif ⲛⲟⲩ- en 36:18,19. Il ne semble pas qu'il soit nécessaire de corriger le texte comme l'ont fait M.Krause et P.Labib (KRAUSE-LABIB, *Gnost.und herm.Schriften*, p.150). Cette forme est bien attestée dans les textes sahidiques anciens, en particulier dans les papyrus Bodmer (KASSER, *PBodmer 16*, p.12; *PBodmer 18*, p.17; *PBodmer 19*, p.2 *PBodmer 22*, p.18), mais aussi dans l'ensemble des textes pachômiens (cf. par ex.: QUECKE, *Ein Brief*, pp.427-428). On la trouve également attestée ailleurs dans le codex VI (CG VI,6*(OgdEnn)*53:15). V.aussi §48a. Traduction litt.: *(Tous ceux)... que ces contraintes sont sur eux pour que soient rassemblées toute la chute ainsi que les lettres...*

9 *La chute*, c'est-à-dire l'Esprit divin déchu ici-bas. Cf.HIPP., *Ref.*,VI,52,4 Sur le thème du *rassemblement* ou ἀποκατάστασις des στοιχεῖα du Nom divin, cf.HIPP., *Ref.*, VI,42,3ss. Cf.aussi MENARD, *Rassemblement*.

10 V.infra, 37:15. A rapprocher de CG I,2*(EvVer)*23:4ss.: *"Ce ne sont pas des voyelles ni des consonnes* (ⲥϩⲉⲉⲓ) *telles que qui les lit pense à ce qui est vrai, mais ce sont des lettres* (ⲥϩⲉⲉⲓ) *de Vérité qu'on ne prononce que si on les connaît. Vérité parfaite (en) est chaque lettre* (ⲥϩⲉⲉⲓ),

s'agissant de lettres (ⲥ₂ⲉⲉⲓ) *écrites par l'Unité puisque le Père les a
écrites* (ⲥⲁ₂ⲟⲩ) *afin que les Eons, au moyen de ces lettres* (ⲥ₂ⲉⲉⲓ)
qui sont siennes, connaissent le Père (trad.Kasser). Cf.aussi CG I,4*(Trac
Tri)*65:39-66:5. Autre traduction possible: *mes écrits.*

11 *Ton nom.* L'article possessif de la 2e p.m.s. n'intervient qu'à deux reprises dans ce texte (36:16;43:26). Il désigne peut-être la communauté des
initiés. Il pourrait aussi s'agir d'une figure de style permettant pour
l'occasion de s'adresser plus intimement au lecteur, sans doute membre de
la communauté. On pourrait aussi éventuellement y voir, comme en 45:12-13,
les traces d'une citation: ⲥ₂ⲁⲉⲓ ⲙⲡⲉⲕⲣⲁⲛ ₂ⲣⲁ̈ⲓ ₂ⲙ ⲡⲛⲛⲟ6 ⲛ ⲟⲩⲟⲉⲓⲛ.
Mais peut-être faut-il corriger le texte et lire ⲡⲉⲩ- (ou ⲡⲟⲩ-) ⲣⲁⲛ.
Cf.*Dan.*,12:1.

12 V.infra, 37:14 et 46:8. Cf.CG I,1*(ApocrJac)*9:11 et CG VII,1*(ParaSem)*2:29,
etc.

13 Ou: *accomplis*, rend peut-être συντελεῖν. Cf.note 14.

14 *Le lieu qui ne se voit pas,* c'est-à-dire *le séjour des morts* ou bien *le
plérôme divin.* Valeur attributive de ⲛ₂ⲏⲧϥ, litt.: *rien-(ou personne)-de-
lui ne voit.* Construction à rapprocher de *Hebr.*,7:13: ⲧⲁ̈ⲓ ⲉⲧⲉ ⲙⲡⲉⲗⲁⲁⲩ
(ⲉⲃⲟⲗ) ⲛ₂ⲏⲧⲥ̅ ⲡⲣⲟⲥⲉⲭⲉ ⲉ ⲡⲉⲑⲩⲥⲓⲁⲥⲑⲏⲣⲓⲟⲛ.

15 Litt.: *vos demeures.* Cf.*Jean,* 14:2ss.

16 Formellement: *celui qui* ou *ce qui.* Rend probablement ὁ ἀπελθών. V.infra,
42:19. Cf.*Jean,*16:7.

17 Traduit comme temps second, v.§4. Mais le Futur II dans une finale ne
semble pas impliquer nécessairement une mise en évidence. Autre traduction possible, faisant dépendre ⲁ-ϣⲱⲡⲉ de ⲡⲉⲧⲁⲛⲅ̅: *afin que vous con-
naissiez Celui-qui-vient-pour-venir-à-l'existence.*

18 Traduit ⲉ(ϥⲛⲁ)ϣⲱⲡⲉ, cf.apparat critique. Autre traduction possible:
comment il est devenu réalité.

19 Cf.*Gen.*,1:6-7.

20 V.infra, 39:7-8.

21 V.supra, 36:15 et note 10. Autre traduction possible: *mes écrits.*

22 Litt.: *pour un service* (ⲇⲓⲁⲕⲟⲛⲓⲁ) *de la* (ou *pour*) *la création* (ⲕⲧⲓⲥⲓⲥ)
des chairs (ⲥⲁⲣⲁⲝ). ⲛ̅ ⲛ̅ⲥⲁⲣⲁⲝ rend probablement un génitif objectif
grec. Mais peut-être faut-il voir une construction attributive (ⲛ̅ⲛ̅ = dit-
tographie) rendant un génitif de qualité ? V.infra, 48:10 : ⲧⲛ̅6ⲉⲛⲉⲥⲓⲥ
ⲛ̅ ⲧⲉⲥⲁⲣⲁⲝ.

23 Autre traduction possible, faisant dépendra ⲭⲉ de ⲁⲣⲓⲛⲟⲉⲓ (37:6):
(Comprenez) que personne n'est capable...

24 *Se tenir debout,* v.infra, 39:15 et 43:10. Cf.l'*Apophasis* dans HIPP., *Ref.*,
VI,9,2;12,3;17:1.

25 Litt.: *sans celle-là.* Cf.CG II,1*(ApocrJn)*26:14 : ⲁⲭⲛ̅ⲧⲥ̅ ⲅⲁⲣ ⲙⲛ̅6ⲟⲙ ⲛ̅ⲧⲉ
ⲗⲁⲁⲩ ⲁ₂ⲉⲣⲁⲧϥ.

26 On attendrait ₂ⲛ̅ ⲟⲩⲙ̅ⲛ̅ⲧⲡⲉⲧⲟⲩⲁⲃ. Probablement traduction littérale de
(νοεῖν) καθαρῶς mis en évidence par le temps second. A rapprocher du
titre du traité: ⲧⲉⲥⲑⲏⲥⲓⲥ ⲛ̅ ⲇⲓⲁⲛⲟⲓⲁ.

27 *On*, c'est-à-dire: ⲁⲗⲁⲩ repris par un singulier. Cf.*Jean*, 6:44.

28 C'est-à-dire: *d'où il tire son origine*, traduit: πόθεν ἐστίν. V.infra, §33.

29 *Il*, c'est-à-dire: ⲡⲉⲛⲧⲁϥⲃⲱⲕ, *Celui qui s'en est allé* (36:28), ⲡⲉⲧⲁⲛⲍ̄, *Celui qui est vivant* (36:30). Formellement le pronom -ϥ- pourrait également se rapporter à ⲡⲛⲉⲩⲙⲁ, *l'esprit*, ou ⲡⲙⲟⲟⲩ, *l'eau*. De même ⲧⲁⲗϥ, *Il l'a donné*, pourrait être réfléchi: *Il s'est donné*.

30 *Reçu*. ⲭⲉ- est sans doute la forme nominale de ⲭⲓ, *prendre, recevoir*. Autres verbes formellement acceptables: ⲭⲟ,ⲭⲉ-, *envoyer, lancer*. ⲭⲟ, ⲭⲉ-, *semer, planter*. ⲭⲟ,ⲭⲉ-, *dire*. Pour le sens, v.infra, 40:9-12;38:6, note 36, et rapprocher de CG VII,1*(ParaSem)*4:13-31.

31 Litt.: *par lui*.

32 *Ils, leurs*, c'est-à-dire: *la ténèbre et l'enfer*. Autre traduction possible Et ce qui m'appartient, c'est par lui (le feu) qu'il se libérera (réfléch:

33 Cf.*Gen.*,1:2,9 et CG II,5*(EcrsT)*101:1-2.

34 ⲁⲩⲱ traduit probablement un καί explicatif: *c'est-à-dire l'éon entier de la création*.

35 Litt.: *de leurs lieux inférieurs*. Cf.*Gen.*,1:7,9. Il paraît difficile, quoique cela ne soit pas exclu, de faire de cette phrase (38:3-5) une relative dépendant de ⲋⲟⲛ (ou même ⲋⲟⲙ, cf.apparat critique), ce dernie mot étant lui-même coordoné avec ϣⲱⲭⲡ̄ et ⲗⲓⲱⲛ. Il faudrait alors traduire: *et l'éon entier de la création ainsi que les lieux inférieurs (des esprits et des eaux) d'où le feu est devenu réalité*. Cependant, en CG VI, bien que la forme relative ⲛ̄ⲧⲁ´ soit attestée ailleurs dans le codex (v.§10), le Parfait relatif à sujet et antécédent différents est toujours en ⲉⲧⲁ´ (v.§8). Il faut probablement restituer un point après ⲧⲕ̄ⲧⲓ[ⲥⲓⲥ et considérer la phrase qui suit comme une phrase coupée (v.§29).

36 Sur l'identité du feu et de la Puissance, cf.l'*Apophasis* dans HIPP., *Ref.* VI,9,5. Sur le rôle du feu lors de la création, *id.*VI,12,1. A rapprocher de CG VI,2*(Brontè)*18:14.

37 Litt.: *sa réplique*. Cf.*Gen.*,1:26 et CG II,1*(ApocrJn)*14:13-15:13.

38 Litt.: *elle*, c'est-à-dire ⲡⲍ̄ⲱⲃ (38:10). V.infra, 39:14 et 40:30.

39 Litt.: *elle ne voit pas*.

40 Litt.: *les grands corps*. Peut-être traduction maladroite du grec γίγαντε habituellement rendu par ⲛ̄ⲅⲓⲅⲁⲥ ou ⲛ̄ⲭⲱⲱⲣⲉ. A rapprocher de CG V,5*(Apoc Ad)*64:15;66:10 et *I Henoch*, 6-16.

41 Autre traduction possible: *se furent souillés* (réfléchi). A rapprocher de *I Henoch*, 7:1.

42 A rapprocher de ⲡⲁⲣⲭⲱⲛ ⲛ̄ ⲛ̄ⲁⲩⲛⲁⲙⲓⲥ en CG II,4*(HypArch)*92:3ss. dans le même épisode du déluge. Cf.aussi CG VII,1*(ParaSem)*36:25-29 et TILL, *PBeroï 8502(ApocrJn)*, pp.182:14-191:10.

43 Litt.: *soumet*. Autre traduction possible: *C'est aux anges que le père de la chair se soumit*. Cf.*Luc*, 10:17. La présence de ⲁⲩⲱ en 38:26 justifie le temps second.

44 Cf.*Gen.*, 6:3. V.infra, 43:18 et supra, 36:12.

45 Litt.: *il réfléchit*. Cf.LXX, *Gen.*, 6:6 : καὶ διενοήθη.

46 V.supra, 37:10.

47 rend μεγαλειότης , cf.*Luc*,9:43; ou peut-être μέγεθος, *grandeur*.

48 V.infra, 46:11 et note 98.

49 V.infra, 42:1.

50 Cf.*Gen*., 6:13.

51 Peut-être faut-il lire ἔργον μόνον (adv.) là où le traducteur a vu un
adjectif: *Seule s'est tenue debout l'oeuvre de la Puissance*. Cf.38:10 :
Voilà l'oeuvre qui s'est réalisée. 40:30 : *Il boira du lait de la Mère de
l'oeuvre*.

52 V.supra, 37:20, note 24.

53 V.infra, 40:10.

54 Catalogue des ⲉⲛⲉⲣⲅⲉⲓⲁ (39:22). Cf.CG VI,3*(AuthLog)*23:29-34. Cf.aussi
CG II,5*(EcrsT)*107:1-3 :"...*49 démons androgynes, leurs noms et leurs pro-
priétés* (ⲉⲛⲉⲣⲅⲉⲓⲁ) *tu les trouveras dans le livre de Salomon*" (trad.
Tardieu).

55 Cf.*Jean*, 6:55 et CG VI,3*(AuthLog)*22:22-29; v.aussi *Jean, 4:10ss et 7:37*.

56 V.supra, 39:22. Reprend ⲉⲛⲉⲣⲅⲉⲓⲁ ⲛⲓⲙ. F.Wisse voit ici une allusion à
l'hérésie anoméenne (cf.WISSE, *Heresiologists*, p.208, note 16). Il est
vrai que la présence côte à côte de ⲛⲓⲁⲛⲍⲟⲙⲟⲓⲟⲛ et de ⲍⲉⲛⲙⲛⲧⲍⲉⲣⲉⲥⲓⲥ
est troublante. Mais on attendrait plutôt alors le masculin ⲁⲛⲍⲟⲙⲟⲓⲟⲥ
(traduisant le grec ἀνόμοιοι) à la place du neutre. En outre c'est
ⲍⲉⲣⲉⲥⲓⲥ et non ⲙⲛⲧⲍⲉⲣⲉⲥⲓⲥ qui est toujours utilisé en copte au sens
d'hérésie. De plus, le contexte, un catalogue des ⲉⲛⲉⲣⲅⲉⲓⲁ, se prête
peu à une telle interprétation. L'allusion à l'hérésie anoméenne en CG
VI,4,40:7-8 est loin d'être certaine. Il paraît difficile d'en faire état
pour fonder l'hypothèse que ce texte est un *late Christian Work* (cf.WISSE,
Heresiologists, p.221, note 64). Et il est pour le moins hasardeux de s'en
servir comme *point of departure* pour la datation du codex (cf.*NH Library*,
p.15).

57 V.supra, 39:21.

58 V.infra, 41:20 et supra, 37:30-31. A rapprocher de CG II,5*(EcrsT)*108:16ss.:
"*Mais elle voulait s'unir à lui. Elle ne le put pas. Comme elle ne pouvait
pas satisfaire son amour, elle répandit sa lumière sur la terre*" (trad.
Tardieu).

59 Cf.CRUM, *Dict*., 66b. Autre traduction possible: *toutes les maisons*.

60 Litt.: *qui existent en elle*, c'est-à-dire: *en la mère du feu* ou *en l'âme*.

61 V.infra, 46:32.

62 *L'Homme*, c'est-à-dire:*le Révélateur*. Quoique celui-ci ne soit pas nommé,
il s'agit manifestement du Jésus des chrétiens. Cf.*I Cor*., 15:45-48.
A rapprocher de HIPP., *Réf*., VI,51 (Marc le Mage).

63 *Il l'a recevra* ou *Il sera reçu*.

64 *La Mère de l'oeuvre*, c'est-à-dire:*la Grande Puissance*. V.supra, 39:14.
Cf.aussi CG V,4*(2ApocJac)*50:15-23.

28

65 Préférable à: *comme il avait parlé à Noé dans le premier éon,* ϣⲁⲭⲉ se
construisant toujours avec ⲙⲛ̄-, ⲛⲙ̄ⲙⲁ⸗. V.supra, 38:25.

66 A rapprocher de CG II,5*(EcrsT)*105:12-16 : *Toutes les formes* (μορφή) *font
72. Car* (γάρ) *à partir de ce char* (ἅρμα) *ont pris type* (τύπος) *les 72
dieux. Ils ont pris type* (τύπος) *pour commander sur les 72 langues des
nations* (ἔθνος) (trad.Tardieu).

67 Litt.: *celui qui est sur.*

68 V.supra, 40:11.

69 Litt.: *Ils portèrent sur eux-mêmes un jugement.* Cf.CG VII,3*(ApocPi)*80:26-2⁹

70 ⲟⲩⲁⳅⲥⲁⳅⲛⲉ. Sur le sens de ce mot, cf.DRESCHER, *Postscript,* pp.313-315.

71 Cf.*Mt.,* 27:45,51-53 et *Amos,* 8:9; sur ce passage (42:1-17), cf. *I Cor.,*2:8.

72 Allusion probable à l'Ascension du Révélateur. V.supra, 36:28. Mais autre
traduction formellement possible: *Il apparaîtra en descendant,* avec allusion éventuelle au retour du Révélateur, à la fin des temps.

73 V.infra, 47:26.

74 Litt.: *dans les lieux de leurs naissances.* V.infra, 44:2-4. Cf.CG VI,3
*(AuthLog)*35:8.

75 Litt.: *selon leurs désirs.*

76 *Ces éons-ci,* c'est-à-dire les éons appartenant au second éon, l'éon psychique. V.supra, 42:22.

77 Litt.: *son eau de cet éon-là.* V.§34 et note 1.

78 *Se tenir debout,* v.supra, 37:20 et 39:15.

79 ⲁⲧⲱⲭⲛ̄ rend sans doute le grec ἀπέραντος, adjectif qualifiant également-
ment la Grande Puissance dans l'*Apophasis.* Cf.HIPP., *Ref.,* VI,16,5;17,1
et 7; v.aussi infra, 48:13.

80 3e p.s., c'est-à-dire: *notre grand Logos.* V.infra, 43:28.

81 Litt.: *enseignant.*

82 *Y* reprend soit *le premier éon,* soit *son enseignement.* Dans une nouvelle
perspective le premier éon désigne ici l'éon psychique dans lequel le Révélateur a enseigné, et le second éon désigne ce qui, en 42:20, est ap-
pelé l'*éon à venir.*

83 Ou: *Il a fait.*

84 Le Révélateur est le nouveau Noé. V.supra, 38:27.

85 Ou: *ta descendance.* Cf.*Luc,* 1:55. Lire peut-être: *sa semence,* v.supra,
36:16, note 11.

86 Verbe manque. V.supra, 39:15 et 43:10.

87 Il faut probablement voir dans le passage qui suit (43:29-44:29) une réinterprétation du thème vétérotestamentaire du *Jour de Jahvé.* Cf.*Is.,* 13:9-
10;34:4; *Jér.,* 4:23-28; *Joël,* 4:15-16.

88 V.infra, 44:15. Cf.aussi CG VI,3*(AuthLog)*35:8 et *Mt.,* 2:2.

89 *Ont mangé... leurs charognes,* ou sens moyen: *se sont entredévorés*; cf.
Apoc., 19:21.

90 V.supra, 44:2.

91 ⲁϥ₂ⲟⲩⲧⲟⲟⲧϥ. Sur le sens de ce verbe, v.§51, note 10.

92 Ou: *l'Imité*. Il s'agit sans doute d'une allusion à l'ἀντίχριστος. Cf.
    II Thess., 2:3-12; *I Jean*, 2:18 et *Apoc.*, 12:1-6. A rapprocher aussi
    du thème de l' ⲁⲛⲧⲓⲙⲉⲓⲙⲟⲛ ⲡⲛⲉⲩⲙⲁ de l'*Apocryphon de Jean*, dans TILL,
    PBerol.8502, pp.182:2-191:10. Cf.également CG VII,3*(ApocPi)*71:23ss.

93 Cf.*Mt.*, 4:8-9; *Luc*, 4:5-7; *Apoc.*, 13:2-4; *II Thess.*, 2:4 et *Asc.Esaïe*,4:6.

94 *Son* se rapporte à l'*Imitateur*. V.supra, 45:2.

95 C'est-à-dire: *le jugement final* (45:24-46:21). Cf. *Mt.*,24:29-31 et paral-
    lèles. Cf.aussi *Dan.*, 12:1-3.

96 *Séjourner, passer du temps*. V.apparat critique. Cf.CG VI,5*(PlatoRep)*50:33
    et ORLANDI, *Traduzione*, p.49. Autre traduction éventuellement possible:
    La méchanceté a abondé contre vous, ou encore: *la méchanceté est devenue
    (a été) plus grande que vous*. Cf.QUECKE, *Rez.Krause-Labib*, p.533.

97 Litt.: *en haut en direction de*, ou: *en bas en direction de*. Cf.*I Hénoch*,
    60:16 et *Ps.Salomon*, 17:18-19.

98 Ou: *les délices*, ou encore: *l'orgueil*. V.supra, 39:10. Peut-être y a-t-il
    confusion avec ⲧⲣⲟⲫⲏ, *ravitaillement, alimentation*, ou éventuellement
    voracité ?

99 Temps second. Autre traduction possible, au circonstanciel: *les proté-
    geant de ma main, car...*

100 V.supra, 36:6-7.

101 Litt.: *un instant tel qu'il fasse fermer les yeux*, c'est-à-dire: *un clin
    d'oeil*.

102 ⲭⲱ₂ rend ἐγγίζειν. Cf.DRESCHER, *Postscript*, pp.310-311, §3.

103 Litt.: *il*. V.infra, 46:29.

104 *Tous*, c'est-à-dire: *les fils de la matière*. V.infra, 47:7.

105 Sur le sens de ⲁⲙⲁ₂ⲧⲉ, v.supra, 36:8 et CG V,3*(1ApocJac)*30:2-6.

106 Sur la construction de la phrase, v.§29, note 1. Rapprocher ce passage
    (46:21-47:3) de *Dan.*, 12:11-13. Aucune explication n'a permis jusqu'ici
    de justifier le nombre de 1468 années, période pendant laquelle le feu
    exterminateur agira, à la fin des temps, selon le manichéisme. Il est
    particulièrement intéressant de noter que le nombre 1468 n'était attesté
    jusqu'ici que dans des textes manichéens tardifs (cf.POLOTSKY, *Manichäis-
    mus*, cc.261-262; *Papers*, p.207). Ce seul indice ne nous permet pas d'af-
    firmer que nous avons affaire à un texte d'origine manichéenne (cf.MAHE,
    Hermès, p.14). On trouve en effet en CG VI,4 de nombreuses divergences
    avec la pensée manichéenne. Une source commune pourrait être à la base
    de CG VI,4 et des textes transmis par la tradition manichéenne. Mais on
    pourrait aussi envisager que l'original grec de CG VI,4 est lui-même
    l'une des sources de cette tradition. Cependant il n'est pas exclu que
    CG VI,4 comme tel ait pu circuler dans des milieux manichéens. Rappelons
    que les textes coptes manichéens qui nous sont parvenus ont été écrits
    en dialecte subakhmimique et que deux des particularismes morphosynta-
    xiques attestés en CG VI,4 (v.supra, §34 et §38) et l'une des caractéris-
    tiques lexicales (v.supra, §3, note 3) sont typiques des textes maniché-

ens subakhmimiques.

107 V.supra, 40:18-23.

108 Cf.apparat critique. Traduction conjecturale: *Alors sera accompli (le jugement du feu qui est) la deuxième puissance (...).* V.supra, 38:19-39:15 où le premier jugement, celui de la chair, est rendu par l'eau. Ici, dès 46:21, le second jugement est rendu par le feu.

109 V.supra, 36:6-7.

110 Litt.: *Moi et tous ceux qui me connaîtront, ils viendront alors à l'exis tence.* V.supra, 46:6-7. On attendrait plutôt ⲀⲨⲱ ⲦⲚⲚⲀϢⲰⲠⲈ. Cf.*Luc*, 2:48. Accord avec le plus rapproché dû sans doute à une traduction trop littérale du grec. V.aussi lexique, sous ⲀⲨⲱ.

111 V.supra, 42:30 et cf.CG VI,3*(AuthLog)*35:8-21.

112 V.supra, 46:24.

113 Cf.apparat critique. Traduction conjecturale: *Parce qu'(elles sont dans la purification -* v.supra, 47:30) *et dans (l'abîme de la violence) qui existent (pour qu'elles ne puissent) Le (voir) de leurs yeux.* V.supra, 36:24-25 et 47:21. A rapprocher de *Luc*, 16:19-31.

114 *Le*, c'est-à-dire: *Celui qui est dans l'Unité unique.* V.supra, 47:21.

115 Litt.: *en faveur de la création des archontes et aussi (en faveur) de ses archontes.* ⲦⲔⲦⲓⲤⲓⲤ Ⲛ̄ ⲚⲀⲢⲭⲰⲚ rend probablement un génitif grec de possession. V.infra, 48:7-8.

116 La préposition copte rend sans doute ⲕⲁⲧⲁ suivi du génitif, exprimant l'hostilité. Mais il pourrait s'agir de ⲕⲁⲧⲁ suivi de l'accusatif: *nous avons agi selon notre origine charnelle.*

117 Litt.: *notre origine de la chair.* Rend probablement un génitif grec de qualité. V.supra, 37:17 : ⲦⲔⲦⲓⲤⲓⲤ Ⲛ̄ Ⲛ̄ⲤⲀⲢⲀⳉ.

118 Pourrait être un génitif de possession: *appartenant à la création archon tique.*

119 ⲦⲔⲦⲓⲤⲓⲤ Ⲛ̄ ⲚⲀⲢⲭⲰⲚ, litt.: *la création des archontes.* Rend sans doute un génitif grec de possession. V.supra, 48:7.

120 Litt.: *qui donne loi.* Traduit probablement ⲛⲟⲙⲟⲛ ⲧⲓⲑⲉⲥⲑⲁⲓ.

121 *Immuable*, rend ⲁⲧⲣⲟⲡⲟⲥ (ou ⲁⲧⲣⲉⲡⲧⲟⲥ ?). Rapprocher de l'*Apophasis*, dans HIPP., *Ref.*, VI,17,7. V.aussi supra, 43:11.

REMARQUES PHILOLOGIQUES

1. INTRODUCTION

A la lecture du texte qui précède on peut constater d'emblée que, si celui-
ci est rédigé dans une langue qui s'apparente très fortement au sahidique, il
présente néanmoins, pour un lecteur attentif, de sérieuses divergences avec
ce dialecte. Une question se pose alors: à quel dialecte avons-nous affaire?
S'agit-il d'un texte sahidique? Dans ce cas les divergences nombreuses, surtout d'ordre morphosyntaxique, nous oblige à parler d'influence 'étrangère',
c'est-à-dire influence d'un ou plusieurs dialectes autres que le sahidique.
S'agit-il d'un texte dont la structure syntaxique n'est pas sahidique? Il
faut alors tenter de justifier la vocalisation fortement sahidique du texte.
Pour essayer de répondre à ces questions nous avons choisi d'opérer une distinction entre deux catégories de faits linguistiques: les *caractéristiques
dialectales* et les *particularismes dialectaux*. Nous parlerons donc de *caractéristique dialectale* non sahidique lorsqu'une forme vocalique, morphosyntaxique ou lexicale est attestée de façon occasionnelle en sahidique, en particulier dans les textes anciens, mais de façon régulière et systématique dans
un autre dialecte. Dans le cas de CG VI,4, toutes les *caractéristiques dialectales* attestées sont d'origine AA$_2$ et *PBodmer 6*[1]. Cette parenté de CG VI,4

---

1 On s'est demandé si la langue de *PBodmer 6* (cf.KASSER, *PBodmer 6*) devait
   être considérée comme un mélange de dialectes connus (S et AA$_2$) ou comme
   un dialecte particulier. S'il est clair que sur le plan vocalique, morphosyntaxique et même lexical les caractéristiques linguistiques qui sont
   attestées en *PBodmer 6* le sont aussi partiellement en AA$_2$ ou en S, les
   spécialistes pensent pourtant que *PBodmer 6* est le témoin d'un dialecte
   bien différencié, le dialecte P (Cf.KASSER, *Pap.Lond.98*,pp.157-160; NAGEL,
   Dialekt von Theben, pp.30-49 et VERGOTE, *Dialecte P*, p.55).

32

avec le groupe dialectal AA₂ ne doit pas étonner. Celle-ci a été établie pour
d'autres textes de la bibliothèque de Nag Hammadi, en particulier pour le codex II[1], mais aussi pour le codex V[2] où les caractéristiques AA₂ sont nombreuses. Il est admis également que tous les textes du codex I sont écrits en
dialecte subakhmimique. Au contraire, lorsqu'une forme vocalique, morphosyntaxique ou simplement orthographique n'est pas présente de façon régulière
dans un autre dialecte et qu'elle n'est attestée en sahidique qu'occasionnellement[3], on dira qu'il s'agit d'un *particularisme dialectal* sahidique. La plupart des particularismes vocaliques ou morphosyntaxiques sont également attestés en S ou en *PBodmer 6*. Deux d'entre eux ne sont même attestés de façon
systématique, hors de CG VI,4, qu'en *PBodmer 6*, à tel point qu'à deux reprise
on pourrait même parler de *caractéristiques dialectales PBodmer 6*, c'est-à-
dire, du point de vue du sahidique, d'archaïsmes dont ce dialecte se serait
peu à peu débarrassé. C'est le cas notamment de la forme en -ε- [ετεϥ-]
de la relative du Présent I[4], du traitement particulier de la phrase coupée[5],
voire même de la négation simple de la phrase bipartite[6]. Mais *PBodmer 6*
comme CG VI,4 sont des textes évidemment trop courts pour qu'il soit permis
de généraliser à partir d'un ou deux cas particuliers. Aussi le Présent I
relatif et la phrase coupée sont-ils considérés ici comme des *particularismes*
et non comme des *caractéristiques dialectales*.

1 Cf NAGEL, *Grammat.Untersuch.*; ARTHUR, *Gospel of Thomas* et LAYTON, *Hypostasis*, pp.374-379.
2 Cf.par ex. FUNK, *Apok.Jak.*, pp.55-56.
3 Ou même seulement en CG VI,4 qui, a priori, est ici considéré comme sahidique.
4 V.infra, §27.
5 V.infra, §29.
6 V.infra, §6.

2. LES CARACTERISTIQUES NON SAHIDIQUES

Nous appelons *caractéristique dialectale* une forme vocalique, morpho-syntaxique ou lexicale qui n'est attestée que de façon occasionnelle en sahidique, surtout dans les textes anciens, mais qui apparaît de façon systématique dans un autre dialecte.

Les principales *caractéristiques dialectales* non sahidiques qui apparaissent en CG VI,4 sont de trois ordres: (1) caractéristiques vocaliques, (2) caractéristiques lexicales, (3) caractéristiques morphosyntaxiques.

(1) LES CARACTERISTIQUES VOCALIQUES

§1 Seuls les changements vocaliques intervenant lorsque la voyelle est accentuée sont pris en considération dans les deux paragraphes suivants. Lorsque la voyelle n'est pas accentuée, l'alternance vocalique n'est pas systématiquement attestée; elle n'est donc pas considérée ici comme une *caractéristique dialectale*[1]. Remarquer que la vocalisation de CG VI,4, comme celle de *PBodmer 6*, est largement sahidique. Mais les deux textes mêlent essentiellement des formes sahidiques et des formes AA$_2$. Les schémas d'évolution vocalique à partir de l'ancien égyptien sont les suivants[2]:

(a) En CG VI,4 le *$\overset{\smile}{i}$ et le *$\overset{\smile}{u}$ de l'ancien égyptien, rendus en S par ⲁ

---

1 Il est clair que, dans certains cas, l'alternance vocalique [par ex.: S: ⲁⲙⲏⲧⲉ , AA$_2$: ⲉⲙⲛⲧⲉ, etc. (v.infra, §49)] même si elle n'est pas systématique, est très souvent attestée. Elle est donc significative, même si nous la considérons plutôt comme un particularisme.

2 Cf.OSING, *Nominalbildung*, p.10 ss.

et en AA$_2$ par ϭ, sont à l'origine des formes vocaliques suivantes[1]:

CG VI,4:	S:	AA$_2$:

ΒΛΛ (37:33;48:3), ΒϬΛ (46:21) ΒΛΛ[2] ΒϬΛ[2]

₂ϭϯ (45:35) ₂ΛΤϬ ₂ϭϯ[3]

Cas particulier:

₂ΛϬΙϬ (36:14) ₂ϭ ₂ϭΙϬ

  ₂ΛϬΙϬ[4]

§2 (b) De même le *ắ de l'ancien égyptien, rendu en S par o et en AA$_2$ par Λ, est à l'origine des vocalisations suivantes[5]:

ΒΟΛ⸗ (37:32;47:28), ΒΛΛ⸗ (41:12) ΒΟΛ⸗[2] ΒΛΛ⸗

ΜΛϹΤϬ (39:24) ΜΟϹΤϬ[2] ΜΛϹΤϬ

ΝΟϭ (11x), ΝΛϭ (36:2,15) ΝΟϭ ΝΛϭ

ΛΝ₂ϯ (36:30) ΟΝ₂ϯ ΛΝ₂ϯ

ΡΟΚ₂⸗ (36:6), ΡΛΚ₂⸗ (46:30) ΡΟΚ₂⸗ ΡΛΚ₂⸗

ϹB̄ΤΛΤϯ (47:17) [ϹB̄ΤΟΤϯ][6] ϹB̄ΤΛΤϯ

ΤΟΥΒΛ⸗ (36:20) ΤB̄ΒΟ⸗[7] ΤΟΥΒΛ⸗

  ΤΟΥΒΟ⸗

ΤΛΠ (43:23) ΤΟΠ ΤΛΠ[2]

---

1 Cf.OSING, *Nominalbildung*, pp.11-17.

2 Forme attestée en *PBodmer 6*.

3 Sur la présence en AA$_2$ d'un ι final non accentué, cf.OSING, *Nominalbildung*, p.30 et EDEL, *Neues Material*, pp.103-106.

4 Cf.OSING, *Nominalbildung*, pp.16, 404 et 426. On ne trouve la forme ₂ΛϬΙϬ que dans les textes A$_2$ non manichéens.

5 Cf.OSING, *Nominalbildung*, p.11.

6 Cette forme du Qual.II n'est pas attestée en S, cf.TILL, *Kopt.Gramm.*, §275. La forme A: ϹB̄ΤΛΤϯ est signalée en CRUM, *Dict.*, 323a.

7 V.infra, §51.

CG VI,4:	S:	AA₂:

ⲁⲧⲧⲉ₂ⲟ⸗ (47:20), ⲁⲧⲧⲉ₂ⲁ⸗ (37:8)[1] ⲧⲉ₂ⲟ⸗[2] ⲧⲉ₂ⲁ⸗

ⲟⲩⲟⲉⲓⲛ (6x), ⲟⲩⲁⲉⲓⲛ (37:14) ⲟⲩⲟⲉⲓⲛ[2] ⲟⲩⲁⲉⲓⲛ

ⲟⲩⲟⲉⲓⲱ (44:32), ⲟⲩⲁⲉⲓⲱ (43:16) ⲟⲩⲟⲉⲓⲱ[2] ⲟⲩⲁⲉⲓⲱ

ⲟⲟⲗ (44:20), ⲟⲁⲗ (39:26) ⲟⲟⲗ[2] ⲟⲁⲗ

ⲟⲟⲙ (19x), ⲟⲁⲙ (6x) ⲟⲟⲙ[2] ⲟⲁⲙ

Cas particuliers:

ⲙⲁⲛⲉ (40:14) ⲙⲟⲟⲛⲉ ⲙⲁⲛⲉ[3]

ⲟⲩⲁⲁⲃ (37:23;46:13,17;47:31)

ⲟⲩⲁⲁⲃⲉ (47:9) ⲟⲩⲁⲁⲃ[2] ⲟⲩⲁⲁⲃⲉ[4]

(2) LES CARACTERISTIQUES LEXICALES

§3 On retrouve en CG VI,4 un certain nombre de mots qui ne sont pas, ou très peu, attestés en sahidique, mais bien connus du groupe AA₂. Il s'agit des mots ou expressions suivants:

(a) verbes:

ⲃⲱⲗⲕ (43:32;44:27), ⲟⲟⲛⲧ⁺ (45:5) ⲟⲱⲛⲧ ⲃⲱⲗⲕ

ⲙ̄ⲙⲉ (37:24;42:13) ⲉⲓⲙⲉ[2] ⲙ̄ⲙⲉ[2]

ⲛⲟⲩⲟⲩ₂- (40:2)[5], ⲛⲟⲟⲩ₂⸗ (40:22)[6] ⲕⲧⲟ⸗ ⲛⲟⲩⲟⲩ₂-

ⲥⲟⲛⲧ⁺ (45:5) ⲟⲟⲱⲧ⁺[2] ⲥⲟⲛⲧ⁺[7]

₂ⲛⲁⲛ (44:30) ₂ⲱⲛ A: ₂ⲛⲁⲛ, A₂: ₂ⲱⲛ(ⲉ)

(b) substantifs:

ⲃⲭ̄ⲕⲉ (39:23;41:16;43:29) ⲟⲱⲛⲧ[2] ⲃⲭ̄ⲕⲉ

---

1 V.infra, §49.

2 Forme attestée en *PBodmer 6*.

3 Cf.OSING, *Nominalbildung*, p.363.

4 Cf.TILL, *Dialektgramm.*, §51.

5 V.infra, §18.

6 Attesté également en CG IV,1*(ApocrJn)*47:9; CG V,4*(2ApocJac)*52:7; CG VII,1 *(ParaSem)*6:3,8,22;7:8,33;14:28;25:35; CG VII,4*(Silv)*90:29;91:14.

7 Attesté en sahidique chez Chenouté seulement. Cf.SHISHA-HALEVY, *Akhmimoîd Features*, p.365, §3.1.

CG VI,4:	S:	AA$_2$:
cλ Ñ₂ωτÑ (44:14)	мλ Ñ₂ωτÑ	cλ Ñ₂ωτÑ
мλ Ñ₂ωτÑ (43:23*;44:1)		
₂ρτє (37:13)[1]	₂oτє[2]	₂ρτє[2]
xιɴ (39:21), бoм (24x)	бoм[2]	xιɴ[3]

(c) adverbes:

Ñπϣλ (43:22), ємλτє (44:12)	ємλτє	Ñπϣλ
тo (37:25)[4]	тωɴ	тo

(3) LES CARACTERISTIQUES MORPHOSYNTAXIQUES

§4 CG VI,4 utilise de façon systématique, dans la phrase finale, le Futur
II affirmatif, là où le sahidique emploie de préférence le Futur III affirmatif, en particulier après xє (37:26), ₂îɴλ xє (36:16,29)[5] et
xєκλλc (36:20). Egalement présente ailleurs en CG VI[6] et à Nag Hammadi[7]
cette construction se retrouve en AA$_2$, en *PBodmer 6*, mais aussi en sahidique[8].

§5 Au futur, comme en sahidique c'est l'auxiliaire verbal ɴλ qui est le
plus souvent employé (59x). Mais, comme en AA$_2$ on trouve la forme de
l'auxiliaire λ à la 3e p.s.m. du Futur I (40:28bis,29,30,31;45:33) et à

---

1 Cf.KAHLE, *Bala'izah*, p.208 et note 3; attesté aussi en CG VI,2*(Brontè)*14:31
15:23 et CG XIII,1*(PrôTri)*44:9.

2 Forme attestée en *PBodmer 6*.

3 N'est attesté en AA$_2$ que dans les textes manichéens *(ManiP, ManiK)*;cf.*ManiP*
190:19 : λмнɴ †бλм Ñ xωρє єτ† xιɴ Ñ Ñcτoιxєιωɴ.

4 Cf.TILL, *Achmim.Gramm.*, §218; v.aussi infra, §33.

5 En ce qui concerne la forme єcλ- (36:16), s'il est fort probable qu'il
s'agisse du Futur II mis pour єcɴλ- (v.§5), on pourrait aussi formellement y reconnaître un Futur III, mis pour єcє-.

6 Cf.par ex. CG VI,1*(AcPi12Ap)*7:21;10:10;12:10.

7 Cf.pour CG II, NAGEL, *Grammat,Untersuch.*, pp.442-443, §40; pour CG V, FUNK,
ApokJak., p.56, note 3.

8 Cf.KAHLE, *Bala'izah*, pp.152-158, §129; KASSER, *PBodmer 6*, p,xxvi; KASSER,
PBodmer 22, p.25; de même chez Pachôme, Chenouté et Bésa.

la 3e p.s.f. du Futur II (36:16)[1]:

    Futur I: ⲛⲁ (43x), ⲁ (6x)

    Futur II: ⲛⲁ (7x), ⲁ (1x)

    Futur relatif: ⲛⲁ (3x)

La présence de deux formes avec prédominance pour le ⲛⲁ se retrouve également ailleurs dans le codex VI[2] et à Nag Hammadi[3], ainsi que dans le *PBodmer 6*[4]. La forme ⲁ est parfois attestée en sahidique[5]. Une autre caractéristique du futur en CG VI,4 est la présence de la forme ⲛⲉ (45:35) à la 3e p.pl. au lieu de ⲛⲁ. Cette forme, courante en fayoumique à toutes les personnes[6], mais absente ailleurs en CG VI, se retrouve également dans le codex V[7]. La forme ⲛⲉ est aussi attestée en sahidique[8]. Cette variante en ⲉ de l'auxiliaire du futur est à rapprocher du changement vocalique S: ⲁ / AA₂: ⲉ dans les syllabes non accentuées[9].

§6   En CG VI,4 la phrase bipartite à sujet défini est le plus souvent niée à l'aide de la particule simple ⲁⲛ. C'est notamment le cas en 37:3*;38:12; 39:6;45:34,35;48:4*,5. Mais on trouve, par deux fois, la négation double ⲛ̄-..ⲁⲛ (47:7;48:6). La négation simple, qui est une caractéristique dialectale akhmimique, est considérée par B.Layton comme une *subachmimic Feature*[10]. Mais si l'omission de ⲛ est régulière en A et souvent confirmée en A₂[11], les attestations de la négation simple sont cependant très

---

1 Cf.KAHLE, *Bala'izah*, pp.151-158, §128-129 et p.208, §e.

2 Cf.par ex. CG VI,1(*AcPi12Ap*)7:21; VI,3(*AuthLog*)30:10; VI,6(*OgdEnn*)53:30; VI,7(*PriAcGr*)64:11,12; VI,8(*Ascl*)70:33,34,35.

3 Cf.pour CG II, NAGEL, *Grammat.Untersuch.*, p.443, §40d.

4 Cf.KASSER, *PBodmer 6*, p.xxvi, §4,5.

5 Cf.par ex. KASSER, *PBodmer 19*, p.36.

6 Cf.TILL, *Dialektgramm.*, §183.

7 Cf.FUNK, *Apok.Jak.*, p.71: ⲉⲧⲛⲉ (58:9), ⲉⲩⲛⲉ (54:25), mais aussi CG V,3 (*1ApocJac*)37:16 et V,5(*ApocAd*)70:8.

8 Par ex. dans le *Livre de Jéu*, les formes ⲧⲉⲧⲛⲉ et ⲧⲉⲧⲛⲁ apparaissent ensemble; cf.SCHMIDT-MACDERMOT, *Bruce Codex*, pp.119-123: ⲧⲉⲧⲛⲉ (119:12, 16,22;120:1,5,8,14,17 etc.); ⲧⲉⲧⲛⲁ (119:5,9,19;120:11,20,23,26 etc.)

9 V.infra, §49.

10 Cf.LAYTON, *Hypostasis*, p.376, §1.

11 Cf.KAHLE, *Bala'izah*, p.109, §80g.

nombreuses en sahidique[1]. En *PBodmer 6*, l'absence de la particule ⲛ est quasi systématique[2]. On pourrait donc voir dans l'absence presque totale de la double particule une *caractéristique dialectale PBodmer 6*.

§7 Si la base de conjugaison du Parfait I est toujours attestée dans sa forme sans ⲍ, *i.e.* ⲁ-/ⲁ⸗, il faut cependant noter à deux reprises (38:10 43:6) la présence au Parfait relatif de la base A_2: ⲁⲍ-. A la forme relative et invariable ⲉⲧⲁⲍ- elle introduit, en CG VI,4 comme en AA_2 et en *PBodmer 6*, une subordonnée relative dont le sujet est toujours identique à son antécédent[3]. En cas de non identité entre le sujet de la relative et son antécédent, CG VI,4 utilise la forme pronominale ⲉⲧⲁ⸗. Au parfait cette distinction (identité/non identité) est inconnue du sahidique et ne se rencontre de façon plus ou moins régulière qu'en AA_2. Seul avec CG VI,4, *PBodmer 6* fait cette distinction de façon systématique et se sert des formes ⲉⲧⲁⲍ-/ⲉⲧⲁ⸗ au Parfait relatif[4]. Cette coïncidence des formes en ⲁⲍ-/ⲁ⸗ avec la distinction identité/non identité n'est probablement que secondaire. Au Parfait I, à la forme pronominale, la présence du ⲍ n'est semble-t-il attestée que lorsque le suffixe est une voyelle ou une consonne syllabique[5].

§8 (a) antécédent et sujet différents.
En CG VI,4, en cas de non identité entre le sujet et son antécédent, la forme non substantivée du Parfait relatif n'est jamais en ⲛ̄, *i.e.* (ⲉ)ⲛⲧⲁ⸗

---

1 Pour le NT, cf.KICKASOLA, *Negation Patterns*, pp.272-273: *"In the Sahidic (N-)...AN negation patterns the negative word N- is facultative, being omis sible in every pattern where it can occur"*. Pour Chenouté, cf.SHISHA-HALEVY *Akhmimoïd Features*, pp.363-364, §2.4.3: *"This variation is fairly common in Sahidic texts, and cannot, until further information is available, be considered an Akhmimic influence on Shenoute's Sahidic"*.

2 La particule double n'est attestée qu'une seule fois, cf.KASSER, *PBodmer 6*, p.126.

3 Cf.TILL, *Achmim.Gramm.*, §236b et 243b; KAHLE, *Bala'izah*, p.175-179, §150A.

4 Cf.KASSER, *PBodmer 6*, p.xxvii, + texte.

5 Cf.SHISHA-HALEVY, *Bohairic* ⲧⲱⲟⲩⲛ, p.113, §5.

6 Le ⲛ̄ du relatif, hérité de l'ancien égyptien, a le plus souvent disparu, mais s'est maintenu en sahidique de façon systématique au Parfait, où la forme ⲉⲛⲧⲁ⸗ est écrite avec ⲉ, ce qui permet de la distinguer de celle du temps second ⲛ̄ⲧⲁ⸗.

mais ᴇᴛᴀ⸗ (41:1;45:26;46:25,26*)[1], forme qui se rencontre régulièrement dans le dialecte A et en *PBodmer 6*, occasionnellement en A₂ et en BF[2], tandis que S emploie la forme en N̄, *i.e.* ᴇɴᴛᴀ⸗ et A₂ (ᴇ)ɴᴛᴀ⸗[3]. Dans le codex VI, cette forme sans N̄ se retrouve également en VI,1*(AcPil2Ap)* (12x)[4]. Les formes ᴇᴛᴀ⸗, (ᴇ)ɴᴛᴀ⸗ sont toutes deux attestées ensemble en A₂. De même en VI,6*(OgdEnn)*: ᴇᴛᴀ⸗ (2x) et ᴇɴᴛᴀ⸗ (1x)[5].

§9   (b) antécédent et sujet identiques.

Au Parfait relatif le sahidique n'utilise pas de forme particulière en cas d'identité entre le sujet de la relative et son antécédent. Au Présent relatif le même dialecte distingue entre la particule relative ᴇᴛ pour l' identité, et la même particule accompagnée du sujet ᴇᴛ⸗ pour la non iden- tité[6]. Au Parfait, cette différenciation (identité/non identité) n'est faite de façon systématique que par *PBodmer 6*, et quelquefois par le dia- lecte A[7], qui distinguent les deux formes sans N̄, *i.e.* ᴇᴛᴀ₂-/ᴇᴛᴀ⸗ . Ces deux formes se retrouvent aussi parfois en A₂, dialecte qui montre la plus grande incohérence dans le choix du relatif. Cette distinction for- melle est de règle en CG VI,4 qui différencie toujours, comme *PBodmer 6*, entre les deux formes ᴇᴛᴀ₂- (38:10;43:6) et ᴇᴛᴀ⸗ (41:1;45:26;46:25).

§10   (c) le codex VI.

Mis à part CG VI,4, les deux seuls textes du codex à opérer la distinc- tion identité/non identité sont:

(i) VI,8*(Ascl)* qui utilise les deux formes N̄ᴛᴀ₂-/N̄ᴛᴀ⸗ à l'instar de quelques textes du codex II, *i.e.* II,2*(EvThom)*; II,3*(EvPhil)*; II,5*(EcrsT)*,

---

1 V.aussi infra, §29.

2 Elle se retrouve aussi dans les textes sahidiques anciens, cf.KAHLE, *Bala'- izah*, p.159, §132 et QUECKE, *Lukasevangelium*, p.65.

3 En A₂ et dans le codex VI, à l'exception de CG VI,4, il semble que l'on utilise indifféremment N̄ᴛᴀ⸗ et ᴇɴᴛᴀ⸗.

4 1:11;5:19;6:19;7:22,26;8:12;9:16,17(?);10:2,12,25;11:13.

5 ᴇᴛᴀᴋ- (52:23), ᴇᴛᴀʏ-(55:8), ᴇɴᴛᴀɴ- (63:27); cf.également pour le codex V, CG V,4*(2ApocJac)*: ᴇᴛᴀ⸗ (12x) et ᴇɴᴛᴀ⸗ (1x). Pour CG II,2, cf.NAGEL, *Gram- mat.Untersuch.*, pp.448-450, §52c.

6 Cf.FUNK, *Morphology*, pp.112-114.

7 Cf.KAHLE, *Bala'izah*, pp.175-179, §150A.

ainsi que II,4*(HypArch)* où l'on trouve cependant une fois la forme
-/ ⲚⲦⲀⲌ*[1].

(ii) VI,6*(OgdEnn)* qui se sert des formes ⲉⲣ- (5x)/ ⲉⲦⲀ* (2x),ⲈⲚⲦⲀ*
(1x)[2]. La forme ⲉⲣ- est toujours suivie du verbe ⲱⲡⲉ (54:8,14,16,24,
27). Selon que la distinction identité/non identité est faite ou non, et
selon la forme des particules utilisées, les textes du codex VI peuvent
être ventilés dans les groupes de référence suivants. Il est bien clair
cependant que le très petit nombre de relatives au Parfait attestées
dans le codex VI ne permet d'attribuer qu'une valeur limitée au tableau
qui suit et n'autorise pas la systématisation.

I. sans distinction identité/non identité (1 forme).

Type Ia: (ⲉ)ⲚⲦⲀ*   VI,2*(Brontè)*[3]   S A$_2$*(AP)*

ⲡⲈⲚⲦⲀⲋ-/ⲡⲈⲚⲦⲀ*   VI,3*(AuthLog)*[4]

VI,5*(PlatoRep)*

Type Ib: ⲉⲦⲀ*   VI,1*(AcPil2Ap)*   B F A A$_2$*(ManiH)*

VI,7a*(Notice)*

II. avec distinction identité/non identité (2 formes).

Type IIa: ⲉⲦⲀⲌ-/ⲉⲦⲀ*   VI,4*(GrPuis)*   PBod 6[5] A[6] A$_2$*(I,2)*[7]

ⲡⲈⲚⲦⲀⲋ-/ⲡⲈⲚⲦⲀ*

---

1   Pour le codex II, cf.NAGEL, *Grammat.Untersuch.*, p.448, §52c et LAYTON,
    Hypostasis, p.378, §11 et p.379. V.aussi supra, §7, note 5.

2   Sur la forme ⲉⲣ-, cf.HAARDT, *Miszellen*, pp.90-96 et HAARDT, *Bemerkungen*.
    Cette forme est également présente ailleurs à NH: CG III,5*(DialSauv)*; VII,1
    (ParaSem). La forme substantivée ⲡⲉⲣ- est peut-être attestée en VI,6*(Ogd
    Enn)*56:6, de même que le pluriel ⲛⲉⲣ-, suivi de ⲱⲡⲉ, en VI,8*(Ascl)*73:27.

3   A côté de la forme substantivée ⲚⲈⲚⲦⲀⲨ-, attestée en 17:3, on trouve
    aussi ⲚⲈⲦⲀⲨ- en 14:21.

4   En VI,3*(AuthLog)*, la forme relative est ⲈⲚⲦⲀ* (5x) et ⲚⲦⲀ*(3x). La forme
    ⲚⲦⲀ* est aussi attestée comme temps second (22:22;33:24) et dans la phrase
    coupée au lieu de ⲡⲈⲚⲦⲀ* (8x). V.infra, §29.

5   A la forme substantivée, *PBodmer 6* emploie toujours, en cas d'identité, la
    forme ⲡⲉⲦⲀⲌ-. La forme substantivée avec sujet et antécédent différents
    n'est pas attestée.

6   Cf.KAHLE, *Bala'izah*, pp.175-179, §150A.

7   En CG I,2*(EvVer)*, à la forme substantivée, on trouve aussi bien ⲡⲉⲦⲀ-,
    ⲡⲈⲚⲦⲀⲌ- ou ⲡⲈⲚⲦⲀⲋ-.

Type IIb: ⲚⲦⲀ₂-/ⲚⲦⲀ⸗   VI,8 *(Ascl)*   A₂ *(I,2)*

ⲚⲉⲠ-,ⲡⲉⲚⲦⲀ₂-/-

Type IIc: ⲉⲠ-/ⲉⲦⲀ⸗, ⲉⲚⲦⲀ⸗

ⲡⲉⲠ-/ⲡⲉⲚⲦⲀ⸗   VI,6 *(OgdEnn)*   A₂ *(Jn)*

L'absence de relative à antécédent et sujet identiques en CG VI,7 *(Pri AcGr)* ne permet pas de savoir si ce texte distingue les deux types de relative. Avec la forme ⲚⲦⲀ⸗ il peut être soit de type Ia, soit IIb ou IIc. Quant à CG VI,7a *(Notice)*, avec une seule attestation de ⲉⲦⲀ⸗ (identité), il peut être considéré comme Ib.

Il faut relever, pour l'ensemble du codex, une grande diversité dans la manière de rendre le Parfait relatif. Il apparaît également que cette grande fluctuation des formes est caractéristique du dialecte A₂. Ainsi donc, sur ce point, CG VI montre dans l'ensemble une affinité certaine avec le dialecte A₂, tandis que CG VI,2 *(Brontè)*, CG VI,3 *(AuthLog)* et CG VI,5 *(PlatoRep)* paraissent plus proprement sahidiques. De plus, seul CG VI,4 présente ici une certaine parenté avec *PBodmer 6*.

§11 Au Conjonctif, la 3e p.pl. est attestée dans sa forme akhmimique sans Ⲛ, *i.e.* Ⲥⲉ-[1] (36:21bis) à côté de ⲚⲤⲉ- comme c'est exceptionnellement le cas dans certains manuscrits sahidiques anciens influencés par le dialecte A[2]. Mais cette forme n'est pas attestée ailleurs en CG VI, ni en *PBodmer 6*.

§12 La forme nominale du prétérit du Présent (Imparfait) est solidement attestée sous la forme ⲚⲉⲠⲉ-[3]. Mais elle apparaît en CG VI,4 au prétérit du Futur sous la forme Ⲛⲉ-...ⲚⲀ (39:4). Cette seconde forme est également attestée dans le codex II[4] mais n'est pas confirmée ailleurs en CG VI. Les hésitations entre une forme avec ou sans -ⲡⲉ- sont à mettre en relation avec le groupe AA₂. La forme nominale du prétérit n'est pas attestée

---

1 Cf.TILL, *Achmim.Gramm.*, §139a.

2 Cf.KAHLE, *Bala'izah*, p.161, §138. Attesté aussi en CG II,2 *(EvTh)*, cf.ARTHUR, *Gospel of Thomas*, p.386.

3 Cf.POLOTSKY, *Conjugation System*, p.419, §54; *Papers*, p.265.

4 Cf.NAGEL, *Grammat.Untersuch.*, pp.439-440, §37.

en *PBodmer 6*. On trouve également la forme ⲛⲁϥ- (38:13) équivalent du sahidique ⲛⲉϥ- à la 3e p.m.s.[1]

§13 Au Consuétudinal, c'est la forme AA$_2$ ⲱⲁⲣⲉ⸗ (43:15), historiquement plus ancienne que ⲱⲁ⸗ [2] qui est attestée là où l'on attendrait la forme sahidique régulière. Cette forme, exceptionnelle dans le codex VI[3], est aussi présente dans le codex II[4] mais ne semble pas attestée ailleurs hors du corpus de Nag Hammadi ni même dans les manuscrits sahidiques anciens. Elle se retrouve systématiquement en *PBodmer 6* sous la forme ⲟⲁⲣⲉ-[5]. Mais il est fort probable qu'en 43:15 nous ayons affaire à une confusion et qu'au lieu de lire ⲱⲁⲣⲉϥ- il faille lire ⲱⲁⲛⲧⲉϥ- comme en 43:18[6].

§14 Au Bipartite, dans les phrases relatives à sujet et antécédent définis dont le sujet est différent de l'antécédent, CG VI,4 emploie à la forme nominale les deux particules ⲉⲧⲉ- et ⲉⲧⲉⲣⲉ-:

    (a)   ⲉⲧⲉ-   Présent I relatif (36:13)

                   Futur I relatif (43:9)

    (b)   ⲉⲧⲉⲣⲉ-   Futur I relatif (36:9)

La forme ⲉⲧⲉ- est régulièrement employée en A, occasionnellement en A$_2$. On la trouve aussi en CG II[7]. Quant à ⲉⲧⲉⲣⲉ-, le seul dialecte où cette forme est fermement attestée est le sahidique[8]. Mais ⲉⲧⲉ- apparaît aussi en sahidique à côté de ⲉⲧⲉⲣⲉ- dans les plus anciens manuscrits[9]. Les deux formes sont attestées ensemble en *PBodmer 6*[10].

---

1 Cf.TILL, *Achmim.Gramm.*, §142c; KAHLE, *Bala'izah*, p.68, §21; pour CG II, cf. NAGEL, *Grammat.Untersuch.*, p.440, §37c.

2 Cf.POLOTSKY, *Conjugation System*, p.420, §58; *Papers*, p.266.

3 Egalement en CG VI,8*(Ascl)*67:5;77:6.

4 Cf.NAGEL, *Grammat.Untersuch.*, p.443, §41a.

5 Cf.KASSER, *PBodmer 6*, p.xxvi.

6 V.aussi infra, §25.

7 Cf.NAGEL, *Grammat.Untersuch.*, p.447, §52.

8 Cf.POLOTSKY, *Conjugation System*, p.419, §53; *Papers*, p.265.

9 Cf.QUECKE, *Markusevangelium*, p.41 et note 5.

10 Cf.KASSER, *PBodmer 6*: (a) ⲉⲧⲉ- (31:10;75:14;102:5), (b) ⲉⲧⲉⲣⲉ- (61:13).

§15 Le Temporel est chaque fois attesté sous sa forme en ⲁ, *i.e.* ⲛ̄ⲧⲁⲣⲉϥ- (38:22;44:34), ⲛ̄ⲧⲁⲣⲟⲩ- (38:17,18), ⲛ̄ⲧⲁⲣⲉ-(44:10)[1]. Cette forme AA_2[2], bien attestée en CG VI[3], en CG II[4] et en CG V[5], se retrouve également de façon systématique en *PBodmer 6*. On la rencontre aussi en sahidique dans les papyrus anciens[6].

§16 A l'infinitif causatif, le ⲣ est omis en A et F, et habituellement absent en A_2[7]. En CG VI,4 il est le plus souvent présent (36:13;39:3;41:31;42:3; 46:26), mais manque en 46:21. Cette omission a aussi été signalée en PPalau Rib.182[8]. L'infinitif causatif sans ⲣ est systématiquement attesté en *PBodmer 6*[9].

§17 En sahidique, le verbe d'origine grecque n'est jamais précédé de l'auxiliaire verbal ⲣ̄-, alors que c'est très souvent le cas en A_2 et en *PBodmer 6*[10]. Il en va de même en CG VI dans sa totalité[11] et en particulier en CG VI,4: ⲣ̄-ⲁⲛⲁⲭⲱⲣⲉⲓ (46:6), ⲣ̄-ⲉⲗⲉⲅⲭⲉ (41:32), ⲣ̄-ⲉⲛⲉⲣⲅⲉⲓ (42:33), ⲣ̄-ⲉⲡⲓⲑⲩⲙⲉⲓ (38:7), ⲣ̄-ⲕⲁⲑⲁⲣⲓⲍⲉ (40:19), ⲣ̄-ⲕⲟⲗⲁⲍⲉ (46:23;47:27), ⲣ̄-ⲛⲟⲉⲓ (36:31;37:6,22;39:6;42:25,29), ⲣ̄-ⲡⲁⲣⲁⲇⲓⲇⲟⲩ (41:21,26), ⲣ̄-ⲡⲉⲛⲑⲉⲓ (44:9), ⲣ̄-ⲡⲗⲁⲛⲁ (45:16), ⲣ̄-ⲡⲣⲁⲥⲥⲁ (48:9), ⲣ̄-ⲥⲕⲉⲡⲁⲍⲉ (46:14), ⲣ̄-ϩⲩⲡⲟⲧⲁⲥⲥⲉ (38:24), mais ⲁⲛⲁⲡⲁⲩⲣⲉ (42:30), ⲡⲓⲥⲧⲉⲩⲉ (48:6).

---

1 V.aussi infra, §21.

2 Cf.TILL, *Achmim.Gramm.*, §138a.

3 CG VI,1*(AcPi12Ap)*1:24;2:7;6:9; VI,6*(OgdEnn)*52:11,14,19;59:23;61:7; VI,7 *(PriAcGr)*64:15;65:3.

4 Cf.NAGEL, *Grammat.Untersuch.*, p.445, §47a.

5 Cf.FUNK, *Apok.Jak.*, p.73.

6 Cf.KASSER, *PBodmer 16, PBodmer 19, PBodmer 21, PBodmer 22.*

7 Cf.TILL, *Dialektgramm.*, p.63, §281 et KAHLE, *Bala'izah*, p.169, §146.

8 Cf.QUECKE, *Markusevangelium*, p.43.

9 De même KASSER, *PBodmer 21*, p.23.

10 Cf.TILL, *Dialektgramm.*, §187. Attesté cependant en sahidique dans quelques manuscrits du IVe siècle influencés par les dialectes AA_2, cf.KAHLE, *Bala'izah*, p.256, note 4.

11 Cf.KRAUSE-LABIB, *Gnost.und herm.Schriften*, p.63.

§18 Contrairement à S qui utilise toujours la forme réduite, A et A₂ emploient parfois indifféremment les formes réduites et non réduites de
l'infinitif lorsque celui-ci est placé devant un objet nominal directement lié[1]. Ce phénomène est également attesté dans les textes sahidiques
anciens influencés par le groupe AA₂[2] et chez Chenouté[3]. On trouve quatr
exemple d'un infinitif absolu (*i.e.* forme non réduite) utilisé comme
forme nominale en CG VI,4: ноүₐн̄- (39:7)[4], ноүоүₐ- (40:2), рωкₐ-
(40:12)[5] et тоүнос- (41:10)[6]. De même en 45:3, comme en A₂*(ManiK)*, la
forme absolue de l'infinitif du verbe *connaître* est identique à sa forme
nominale соүωн-[7].

§19 Le sahidique n'utilise jamais à la troisième personne du pluriel de l'ar
ticle possessif la forme en -оү, ce qui conduirait à une confusion avec
la 2e p.f.s. Comme il se trouve que la 2e p.f.s. est en -е en AA₂[8], la
confusion n'est plus possible en ce dialecte. C'est sans doute pourquoi
A₂ autorise à la fois la forme en -оү et celle en -еү à la 3e p.pl.[9].
D'autre part, l'existence d'une forme en -е du possessif à la 2e p.s.
explique que la forme pleine de l'article (пе-,те-,не-) est plus rare
en A₂[10]. Même comportement de CG VI,4, de même que de CG VI,1,2,3,7,8 et
de *PBodmer 6* sur ce point.

En CG VI,4, le possessif se présente de la façon suivante:

3e pl.m.	поү-	(42:10;43:2*,31;46:25)
f.	тоү-	(41:15)
pl.	ноү-	(36:18,19;38:3;42:33;44:8;46:1;48:3)
	неү-	(39:32)

1 Cf.LAYTON, *Hypostasis*, p.377, §7.

2 Cf.KAHLE, *Bala'izah*, pp.110-111, §80j.

3 Cf.SHISHA-HALEVY, *Akhmimoïd Features*, pp.359-360

4 Attesté aussi en CG III,2*(EvEgypt)*63:8.

5 Cf.QUECKE, *Rez.Krause-Labib*, p.534.

6 Cf.QUECKE, *Markusevangelium*, p.45 et note 4.

7 Cf.*ManiK*, 21:26;30:9;90:13;195:10,12;220:15,18;235:14.

8 Cf.TILL, *Achmim.Gramm.*, §58a.

9 Cf.TILL, *Dialektgramm.*, p.30, §128 et LAYTON, *Hypostasis*, p.376, §3.

10 Cf.TILL, *Dialektgramm.*, pp.13-14, §63.

De même, l'article à la forme pleine n'apparaît qu'une seule fois en
45:32, précédant un mot d'origine grecque.

§20 Il faut relever la double orthographe de l'article possessif de la lere
p.pl. tantôt écrite ⲛⲉⲛ-(43:27) ou ⲛⲛ̄- (36:17) et ⲧⲛ̄-(36:3,15,27;45:4;
48:9,14). L'absence de la voyelle a été associée avec le domaine A[1]. Présente ailleurs en CG VI[2], cette forme est aussi attestée en sahidique,
par exemple dans le *PBodmer 21*[3] ou chez Chenouté à la 2e et à la 3e p.m.
s.[4]. Seul le *PBodmer 6* emploie la forme sans ⲉ de façon systématique à
toutes les personnes[5].

§21 La forme nominale AA$_2$, *i.e.* ⲁ-, de la préposition apparaît quelquefois
(36:30;41:30;42:2,31;46:21,26;48:7)[6] à côté de ⲉ,ⲉⲣⲟ⸗ (52x)[7]. La constatation faite par B.Layton en CG II,4*(HypArch)* que devant l'article défini pluriel la forme ⲁ- est toujours préférée à ⲉ- ne s'applique pas
ici. En CG VI,4 on trouve ⲁ- suivi de l'article ⲛ- sans surligne (42:31),
mais aussi ⲉ- suivi de ⲛ- sans surligne (41:7;47:12)[8]. On trouve également ⲉ-ⲭⲛ̄- (40:11;43:31;45:9), ⲉ-ⲭⲱ⸗ (41:15;42:11), mais ⲁ-ⲭⲛ̄- (45:10)[9].
En *PBodmer 6*, c'est la forme en ⲁ-,ⲁⲣⲟ⸗ qui apparaît systématiquement[10].

§22 Le pronom sahidique de la 2e p.pl., *i.e.* -ⲧⲏⲩⲧⲛ̄, apparaît sous sa forme

---

1 Cf.LAYTON, *Hypostasis*, p.377, §5.

2 Cf.CG VI,3*(AuthLog)*; VI,6*(OgdEnn)*; VI,8*(Ascl)*; KRAUSE-LABIB, *Gnost.und herm.
   Schriften*, pp.47,56 et 62.

3 Cf.KASSER, *PBodmer 21*, p.19, note 5.

4 Cf.SHISHA-HALEVY, *Akhmimoïd Features*, p.358, §2.

5 Cf.KASSER, *PBodmer 6*, p.144.

6 Cf.TILL, *Dialektgramm.*, p.33, §148; KAHLE, *Bala'izah*, p.68, §21c. V.aussi
   supra, §15.

7 Noter qu'en A$_2$ la forme ⲉ- apparaît aussi, cf.par ex. CG I,4*(TracTri)*:
   ⲁ- (993x), ⲉ- (51x).

8 Cf.LAYTON, *Hypostasis*, pp.377-378, §8 et LAYTON, *Text and Orthography*, p.
   188. V.aussi infra, §41.

9 En 45:10 le texte a ⲁ₂ⲛ̄- et non ⲁⲭⲛ̄-. Quoique vraisemblable la correc-
   tion ne s'impose pas. Cependant ⲁ₂ⲛ̄- n'est pas attesté ailleurs en CG VI,4.

10 Cf.KASSER, *PBodmer 6*, p.xxv. De même c'est ⲁⲭⲛ̄-,ⲁⲭⲱ⸗ qui est toujours
   attesté en *PBodmer 6*.

AA₂, *i.e.* -ⲧⲏⲛⲉ (40:2)[1]. Exceptionnellement cette forme est cependant attestée en sahidique, en particulier chez Chenouté[2]. Dans le codex VI, on la trouve à côté de -ⲧⲏⲩⲧⲛ̄ en VI,2*(Brontè)* et VI,7a*(Notice)*[3]. Elle est également attestée en CG II[4]. De telles exceptions se retrouvent aussi en *PBodmer 6*[5]. Cet emploi inhabituel du pronom suffixe est à rapprocher de celui des formes -ⲧⲏⲛⲟⲩ et -ⲧⲏⲩⲛ attestées en CG V et PPalau Rib.182[6].

§23 Si en sahidique[7], en subakhmimique[8] et en *PBodmer 6*[9] c'est la forme réduite de l'infinitif ⲱⲍⲉ, *i.e.* ⲗⲍⲉ, qui est toujours utilisée au Bipartite[10], la forme réduite se retrouve aussi en sahidique dans les autres constructions (Tripartite, Hors-conjugaison)[11]. Mais dans les constructions non bipartites, A₂[12] et *PBodmer 6* emploient l'infinitif non réduit ⲱⲍⲉ. De même, à deux reprises, CG VI,4 utilise au Tripartite la forme contractée ⲱⲍⲉⲣⲁⲧ* (39:15) et non contractée ⲱⲍⲉ ⲉⲣⲁⲧ* (37:18) à côté de la forme contractée et réduite ⲗⲍⲉⲣⲁⲧ* (43:10)[13].

---

1 Cf.TILL, *Achmim.Gramm.*, §45ib.

2 Cf.SHISHA-HALEVY, *Akhmimoïd Features*, p.358; cf.aussi -ⲧⲏⲏⲛⲉ en KASSER, *PBodmer 16*, p.13.

3 CG VI,2*(Brontè)*15:20;18:4;20:14,15,16bis et CG VI,7a*(Notice)*65:10,12.

4 Cf.NAGEL, *Grammat.Untersuch.*, p.430, §30.

5 Cf.KASSER, *PBodmer 6*, p.xxv.

6 Cf.QUECKE, *Markusevangelium*, p.39; -ⲧⲏⲩⲛ est aussi attesté en KASSER, *PBodmer 19*, p.35.

7 Egalement dans les textes anciens, cf.KASSER, *PBodmer 18*, p.19: ⲗⲍⲉ ⲉⲣⲁⲧ* (6x), ⲗⲍⲉⲣⲁⲧ* (1x); *PBodmer 23*, p.24: ⲗⲍⲉ ⲉⲣⲁⲧ* (3x), ⲗⲍⲉⲣⲁⲧ* (7x).

8 *I.e.* dans les textes suivants: *Jn, ManiH, ManiP*, CG I,2*(EvVer)*.

9 Cf.KASSER, *PBodmer 6*, ⲗⲍⲉ (41:1), ⲱⲍⲉ (81:17).

10 Pour G.Fecht, la forme ⲗⲍⲉ n'est pas en ce cas un qualitatif, mais bien la forme réduite de l'infinitif, cf.FECHT, *Evangelium Veritatis*, pp.87-88.

11 Hors-conjugaison, *i.e.* infinitif précédé des prépositions ⲉ- ou ⲛ̄-, de ⲟⲩⲉϣ- ou des auxiliaires verbaux ⲛⲁ-,ⲧⲣⲉ- ou (ⲉ)ϣ- , cf.CHERIX, *Lexicographie*, p.11.

12 A l'exception de *AP* et CG I,3*(Rheg)*.

13 La forme non contractée se retrouve aussi dans les constructions non bipartites en CG XIII,1*(PrôTri)*35:4;38:4,20.

3. LES PARTICULARISMES

Nous appelons *particularismes* des particularités dialectales propres
à un ou plusieurs manuscrits et qui peuvent apparaître de façon plus ou
moins systématique, ou seulement occasionnellement, dans un texte. Si en
CG VI,4 l'origine des *particularismes* n'est pas toujours sahidique, ceux-
ci ne sont cependant pas considérés comme des *caractéristiques dialectales*, car ils ne sont en aucun cas présents de façon régulière dans un
autre dialecte. Mais la majorité d'entre eux sont bien attestés dans les
manuscrits sahidiques anciens, en particulier les papyrus de la collection Bodmer[1] ou même chez Chenouté. Un seul reste jusqu'ici sans paral-
lèle: la négation du Conditionnel avec la particule ⲦⲚ̄ⲦⲎ̄[2].

Les principaux *particularismes* de la langue de CG VI,4 sont de deux
types: (1) particularismes morphosyntaxiques, (2) particularismes ortho-
graphiques.

(1) LES PARTICULARISMES MORPHOSYNTAXIQUES

§24 Au Bipartite futur, quand le sujet nominal est défini et lorsque la phrase
n'est pas convertie, le sujet est quelquefois repris par un pronom sujet
devant l'auxiliaire du Futur. Cette reprise n'est évidemment possible qu'à
la 3e p.m.s. (36:4,10;45:33;46:5)[3] et à la 3e p.pl. (45:18,34,35;46:3,4,5;
47:15). Cette tournure est attestée en CG VI,4 comme en B ou parfois en
S lorsque le sujet est une relative substantivée (36:4;47:15), ou lorsque
le sujet nominal est suivi d'une relative qui le sépare de l'auxiliaire

---

1 En particulier *PBodmer 16, 18, 19, 21, 22, 23*.

2 V.infra, §26.

3 Noter en 36:10 un cas de reprise du pronom ⲞⲨⲞⲚ ⲚⲓⲘ par un singulier, cf.
TILL, *Gramm.*, p.198, §393; cf.également *I Jn*, 3:3,4.

(36:10;45:18)[1]. Mais le redoublement du sujet est aussi partiellement attesté lorsque le sujet est immédiatement suivi de l'auxiliaire. Le pronom est répété en 45:33,34,35;46:3,4,5bis. Le pronom n'est pas répété en 47:6,9. Ce particularisme est aussi attesté en *PBodmer 6*[2].

§25 Au Conditionnel, à côté des formes sahidiques habituelles, il faut noter la présence de la forme ⲉϣⲁϥ- (46:30) au lieu de ⲉϥϣⲁⲛ-. Il ne semble pas que nous ayons affaire ici à un véritable particularisme, c'est-à-dire à une forme spéciale du Conditionnel avec inversion des morphèmes comme c'est le cas en AA_2, mais aussi en S, à la 2e p.pl., en raison du caractère nominal du pronom -ⲧⲉⲧⲛ̄[3]. Mais il s'agit plus probablement d'une confusion avec la forme consuétudinale au temps second ou au circonstanciel. Un exemple de confusion identique a été relevé dans le manuscrit PPalau Rib.181[4]. Mais, en ce cas, la confusion s'explique par la proximité d'une forme régulière du Conditionnel. On peut également remarquer l'absence du morphème ϣⲁⲛ en 40:15 où le traducteur emploie ⲉⲥⲧⲛ̄- de préférence à ⲉⲥϣⲁⲛⲧⲏ̄- à la forme négative. Cette omission, courante en bohaïrique et en fayoumique, commune en sahidique[5], est attestée ailleurs en CG VI[6].

§26 La présence au Conditionnel, à deux reprises, de la particule ⲧⲛ̄ devant ⲧⲏ̄- (40:21;46:31) reste jusqu'ici inexpliquée. Il semble néanmoins difficile que cette double attestation puisse être considérée comme une erreur de scribe. On peut tenter un rapprochement avec la forme A: ⲧⲏ̄ⲛ̄-[7], ou encore ⲧⲛ̄ⲏ̄- trouvée exceptionnellement dans le manuscrit sahidique

---

1 Egalement attesté, mais avec un sujet précédé de l'article indéfini en CG VI,6*(OgdEnn)*60:25.

2 Cf.KASSER, *PBodmer 6*, 5:1, ainsi que 1:14(?);47:17;76:7;120:1. V.aussi QUECKE, *Lukasevangelium*, 6:23. Etc.

3 Cf.TILL, *Dialektgramm.*, p.78, §334 et 335; cf.CG VI,2*(Brontè)*16:34 et 17:1 où les formes ⲉⲧⲉⲧⲛ̄ϣⲱⲁⲛ- et ⲉⲣ[ϣ]ⲁⲛⲧⲉⲧⲛ̄- se trouvent toutes deux attestées; cf.aussi KASSER, *PBodmer 21*, p.23: ⲉⲣⲉϣⲁⲛⲧⲉⲧⲛ̄-.

4 Cf.QUECKE, *Lukasevangelium*, p.34.

5 Cf.POLOTSKY, *Conjugation System*, p.404, §27; *Papers*, p.250.

6 Cf.par ex. CG VI,8*(Ascl)*65:37;76:12.

7 Cf.TILL, *Achmim.Gramm.*, §206.

PPalau Rib.182[1]. Dans les deux cas (40:21;46:31) la négation introduit le *stat. nom.* du verbe ϭⲓⲛⲉ. Ce particularisme n'est jusqu'ici attesté nulle part ailleurs.

§27 Selon la règle, le ⲉ des bases de conjugaisons ⲙ̄ⲡⲁⲧ(ⲉ)ϥ-, ϣⲁⲛⲧ(ⲉ)ϥ- ⲙ̄ⲡ(ⲉ)ϥ- et du Présent relatif ⲉⲧ(ⲉ)ϥ- disparaît en sahidique devant un suffixe formé d'une seule consonne[2]. La présence du ⲉ est néanmoins attestée à de nombreuses reprises en sahidique dans des textes anciens tels le *PBodmer 22*[3]. Par contre, en *PBodmer 6*, le Présent relatif n'est exclusivement attesté que dans sa forme en ⲉ *i.e.* ⲉⲧⲉˢ, même à la 1ere p.s. [ⲉⲧⲉⲉⲓ-] et à la 3e p.pl. [ⲉⲧⲉⲩ-]. Cette constatation amène W.P. Funk[4] à postuler deux séries distinctes du Présent relatif[5] toutes deux présentes en CG V,4*(2ApocJac)*. Les deux séries sont aussi attestées en CG VI,4[6] où se mêlent les deux formes sans ⲉ *i.e.* ⲉⲧˢ (37:10;42:25;47:27), et avec ⲉ *i.e.* ⲉⲧⲉˢ (41:4). Ailleurs CG VI,4 conserve systématiquement le ⲉ : ⲙ̄ⲡⲁⲧⲉϥ- (38:12), ϣⲁⲛⲧⲉϥ- (40:19,23;43:18) et ⲙ̄ⲡⲉˢ (40:9;42:2; 44:24). De même ⲙ̄ⲛ̄ⲧⲉϥ- (37:8,9) de préférence à ⲙ̄ⲛ̄ⲧϥ̄-[7].

§28 Il faut relever aussi une certaine inconséquence dans le choix soit du ⲉ, soit de la surligne, dans le cas d'un mot triconsonnantique dont la syllabe non accentuée commence par une sonore[8]. On trouve ⲃⲟⲗϥ̄ en 37:32 et ⲃⲁⲗⲉϥ [ⲃⲁⲗⲉⲥ *legend.*] en 41:12. De même ⲥⲁⲛⲉϣ en 39:12. Des hésitations de ce type, peu significatives néanmoins en raison de l'accent mis sur la première syllabe, sont également attestées dans les manuscrits sahidiques PPalau Rib.[9]

---

1 Cf.QUECKE, *Markusevangelium*, p.36.

2 Cf.POLOTSKY, *Conjugation System*, p.414, §44; *Papers*, p.260.

3 Cf.KASSER, *PBodmer 22*, p.21 et note 12.

4 Cf.FUNK, *Apok.Jak.*, pp.56-58; cf.pour CG VII,4, ZANDEE, *Deviations*, p.368.

5 Jusqu'ici, aucune attestation de formes en -ⲉⲉⲓ et -ⲉⲩ (1ere s. et 3e pl.) des bases de conjugaison ϣⲁⲛⲧˢ et ⲙ̄ⲡⲁⲧˢ ne permet de conclure à l'existence, pour ces dernières, de deux séries parallèles.

6 De même en CG VI,1*(AcPil2Ap)*.

7 Cf.TILL, *Gramm.*, p.149, §294.

8 Cf.POLOTSKY, *Lautlehre II*, p.129; *Papers*, p.362.

9 Cf.QUECKE, *Markusevangelium*, pp.34-35; QUECKE, *Lukasevangelium*, pp.57-59; cf.aussi ZANDEE, *Deviations*, pp.367-368.

§29 Il faut certainement reconnaître en ета- (44:3) et peut-être en етаү-
(46:26)[1] deux cas de phrase coupée, ou *Cleft Sentence*, au Parfait. La pos‑
sibilité d'une disparition du pronom-copule пе dans la phrase coupée a
été signalée par H.J.Polotsky[2]. Il est intéressant de constater que les
trois cas relevés par H.J.Polotsky l'ont été précisément dans le *PBodmer*
6[3]. Avec CG VI,1*(AcPi12Ap)*2:20, CG VI,4 est le seul texte du codex VI à
user de la phrase coupée en ета-, de même qu'il est le seul texte de ce
même codex à utiliser les formes ета2-/ета⸗ au Parfait relatif, à l'ins‑
tar de *PBodmer 6*[4]. Il faut également voir en 38:3 une phrase coupée in‑
troduite par ͞ητα- comme en CG VI,1*(AcPi12Ap)*3:12; CG VI,2*(Brontè)*20:21;
CG VI,3*(AuthLog)*22:13[base de conj.redoublée];23:18,19;25:27;33:2;34:18
et éventuellement 23:8; CG VI,6*(OgdEnn)*61:31;CG VI,7a*(Notice)*65:8,9[5].

§30 Au prétérit, absence systématique (Imparfait: 38:13;42:4;45:5; Futur:
39:4; Consuétudinal: 38:15) de la particule пе, comme c'est le cas ail‑
leurs en sahidique, en particulier en PPalau Rib.182[6]. La particule пе
n'est présente qu'une fois sur trois dans le *PBodmer 6*[7].

§31 A noter qu'en deux occasions (38:17,21) le Temporel est introduit par la

---

1 D'un point de vue formel, cette seconde particule [етаү-] pourrait être
  simplement relative (v.aupra, §8), mais il est difficile de faire une Bi‑
  partite prépositionnelle (*i.e.* хроноc + ͞η-) de la principale dont elle
  pourrait dépendre (Cf.POLOTSKY, *Neugestaltung*, c.459, note 2; *Papers*, p.
  237); on pourrait aussi supposer la chute d'un ͞ηе, pronom-copule d'une
  phrase nominale. D'autre part le temps second n'est pas attesté sous la
  forme ета- dans le codex VI, mais sous sa forme sahidique régulière ͞ητα-;
  cf.par ex.22:23;50:18;61:5,31 etc. La préposition ͞η-,͞ммо⸗, qui précède
  le nombre, marque sans doute l'équivalence et reprend le pronom de la 3e
  p.s., objet direct de ωη.

2 Cf.POLOTSKY, *Nominalsatz*, p.425, note 1; *Papers*, p.430.

3 Cf.KASSER, *PBodmer 6*, (i) au Parfait: ета- (31:13;40:9), (ii) au Présent:
  етееі- (17:12), (iii) de même au Futur, après un pronom: етηа- (12:4).

4 V.supra, §7ss.

5 On trouve aussi, sans pronom-copule, la forme еηταі- en CG VI,1*(AcPi
  12Ap)*2:24.

6 Cf.QUECKE, *Markusevangelium*, pp.43-44.

7 Cf.KASSER, *PBodmer 6*, Prétérit avec пе: 45:14;46:3; Prétérit sans пе:
  9:3;17:17;24:7;46:5,6,9.

conjonction d'origine grecque ₂ⲟⲧⲁⲛ[1]. La présence en sahidique d'une
conjonction introduisant ϣⲁⲛⲧⲉ-, ici ₂ⲉⲱⲥ (44:32), est considérée
comme rare par Till[2].

§32 L'emploi du Conjonctif après ⲙ̄ⲙ̄ⲛ̄ϭⲟⲙ est exceptionnel en sahidique, où
l'on a, de façon régulière, une Bipartite prépositionnelle (*i.e.* pronom-
sujet + préposition) suivie d'un infinitif[3]. Cette construction, que l'on
trouve parfois en bohaïrique, apparaît aussi en CG VI,4 qui utilise à
chaque fois le Conjonctif (37:18,20*;46:18). Cette tournure, qui ne
semble pas présente ailleurs en CG VI, est bien attestée également en
CG II[4] et en *PBodmer 6*[5].

§33 Signalons en 37:25 une phrase nominale dont la structure et le sens ont
fait jusqu'ici problème. Il s'agit de la construction ⲟⲩⲉⲓ ⲧⲟ ⲛⲉ. La
solution retenue par M.Krause et P.Labib[6], qui voient en ⲉⲓⲧⲟ un substantif formé de ⲉⲓⲱⲧ + ⲟ, *grand-père*, doit probablement être écartée.
Cette forme est purement hypothétique et n'est pas attestée ailleurs.
Mais il faut rapprocher cette construction de celle proposée par la version oxyrhynchite de *Mt.*,21:25, ⲟⲩⲉⲓ ⲧⲟⲛ ⲛⲉ qui traduit le grec πόθεν
ἦν. Une construction analogue est également attestée par la version subakhmimique de *Jn*,7:28, ⲁⲛⲁⲕ ⲟⲩⲉⲓ ⲁⲃⲁⲗ ⲧⲟ, équivalent du sahidique
ⲁⲛⲟⲕ ⲟⲩⲉⲃⲟⲗ ⲧⲱⲛ, traduisant le grec πόθεν εἰμί. Le pronom ⲧⲟ est
bien attesté comme équivalent A₂ du sahidique ⲧⲱⲛ[7]. La seule difficulté
porte donc sur la nature de ⲟⲩⲉⲓ. On pourrait être tenté d'y voir une
variante P, ou peut-être A₂[8], du numéral S: ⲟⲩⲁ, la forme ⲟⲩⲉⲓ étant

---

1 Attesté également en *ManiK*, 72:28.

2 Cf.TILL, *Gramm.*, p.158, §312.

3 Cf.STERN, *Kopt.Gramm.*, pp.274-275, §442.

4 Cf.NAGEL, *Grammat.Untersuch.*, pp.453-454, §55b.

5 Cf.KASSER, *PBodmer 6*, 105:9; un cas en A₂*(AP)* est signalé en CRUM, *Dict.*,
   816b.

6 Cf.KRAUSE-LABIB, *Gnost.und herm.Schriften*, p.152.

7 Cf.supra, §3.

8 Cf.CG I,2*(EvVer)*42:15.

effectivement attestée en *PBodmer 6*[1]. Mais, en principe, c'est toujours
l'article indéfini oγ-, et non le pronom oγⲁ [O: oγⲉ, A₂: oγⲉ(ⲉⲓ),
P: oγ(ⲉ)ⲓ], qui apparaît dans la phrase nominale pour déterminer le
prédicat[2]. Il en va de même partout ailleurs en CG VI,4 (36:32;37:1,6,7,
25;38:11;39:17;42:5,7). Une autre solution possible nous est proposée
par H.M. Schenke qui voit dans la forme oγⲉⲓ un infinitif substantivé[3].
Le léxème ⲉⲓ précédé de l'article indéfini est notamment attesté en
Ac.,13:24. Constatant en *Mt.*,13:27 la présence du verbe ⲉⲓ associé à
ⲧⲟⲛ au Tripartite, il pense que ⲧⲟⲛ et ⲉⲓⲧⲟⲛ ont été sentis comme
équivalents, qu'ils peuvent être tous deux nominalisés et intervenir
comme prédicats dans une phrase nominale. En CG VI,4,37:25 nous avons
donc peut-être affaire à une construction identique (*i.e.* article indéfini + ⲉⲓ suivi du pronom ⲧⲟ) traduisant le grec πόθεν ἐστίν, *(sachez) d'où il est,* c'est-à-dire *(sachez) d'où il tire son origine*[4]. Ce
particularisme, à savoir ⲉⲓ substantivé comme prédicat d'une phrase
nominale, attesté en oxyrhynchite (*Mt.*,21:25) et en subakhmimique (*Jn,*
7:28), est aussi présent en CG II,5*(EcrsT)*98:3-5, en CG II,6*(ExAm)*134:34,
ainsi qu'en TILL, *PBerol.8502*, p.134, 47:19.

§34 Il faut remarquer l'importance en CG VI,4 de la préposition ⲛⲧⲉ-,ⲛⲧⲁ⸗,
qui apparaît très souvent pour exprimer le génitif là où l'on attendrait
plutôt la particule ⲛ-, principalement après un substantif précédé de
l'article défini ou équivalent (38:2;41:2;43:5*;44:19;45:12;46:2;47:16;
48:10), mais aussi après un nom précédé de l'article indéfini (46:10) ou
du degré Ø de l'article (46:11). Partout ailleurs, que le substantif soit

---

1 Cf.KASSER, *PBodmer 6:* oγⲓ̈ (26:14;34:1,3;35:17;69:3;91:14;112:9;115:9),
  oγⲉⲓ (30:4;34:11;64:12;94:7).

2 Contrairement à cette affirmation de H.J.Polotsky (POLOTSKY, *Till*, cc.233-
  234; *Papers*, p.233), on trouve néanmoins quelquefois en sahidique le pronom oγⲁ accompagnant le prédicat d'une phrase nominale: cf.*Lc*,22:3,58
  (QUECKE, *Lukasevangelium*); *Jn*,1:40;6:71.

3 Nous remercions le Professeur H.M.Schenke qui a bien voulu nous permettre
  la consultation d'une copie de son ouvrage encore inédit consacré au Codex
  Scheide. C'est à la page 49 de cette copie que nous nous référons ici.

4 Notons pourtant que partout en CG VI,4 (43:34;44:30,32,34; v.infra, §43),
  sauf précisément en 37:25, le ⲉ et le ⲓ du verbe ⲉⲓ̂ sont toujours liés
  par un circonflexe. Cela pourrait faire croire, mais probablement à tort,
  que nous avons affaire au pronom oγⲉⲓ et non au verbe ⲉⲓ̂ substantivé.

accompagné de l'article défini (1x) ou non, c'est la particule ⲛ- qui est utilisée (39x), Les deux prépositions semblent être employées indifféremment. Trois cas particuliers sont à signaler: (i) en 46:10 ⲛⲧⲉ- suit le pronom indéfini ⲗⲁⲁⲩ, (ii) en 43:5 ⲛⲧⲉ- reprend le possessif ⲛⲉϥ-[1], (iii) en 36:8 la préposition est à la forme pronominale: ⲛⲧⲏⲧⲛ. L'emploi de la préposition ⲛⲧⲉ-,ⲛⲧⲁ⸗, attestée aussi en CG II,1*(ApocrJn)*, est typique des textes manichéens subakhmimiques[2]. Il est rare en *PBodmer 6*.

§35 La présence de la préposition ⲛ-,ⲙⲙⲟ⸗ là où l'on attendrait de préférence ⲍⲛ-,ⲛⲍⲏⲧ⸗ est confirmée surtout en akhmimique, mais aussi occasionnellement dans les manuscrits sahidiques anciens[3]: ⲉⲃⲟⲗ ⲛ- (38:4; 40:29) et peut-être ⲛ- (48:10). Ce particularisme n'est pas attesté en *PBodmer 6*.

§36 En ce qui concerne l'emploi de la conjonction ⲁⲩⲱ, il faut d'abord constater que cette particule est toujours précédée d'un signe de ponctuation (*i.e.* Layton: *raised point*)[4]. De plus, elle n'est pas toujours suivie de la préposition lorsqu'elle unit deux substantifs dont le premier est lui-même introduit par une préposition (36:14;39:8,10;40:20;43:15). La reprise de la préposition n'est observée qu'à deux occasions (45:9;48:1)[5]. Ce manquement à la règle généralement observée en sahidique est aussi attesté ailleurs en CG VI,2*(Brontè)* et CG VI,3*(AuthLog)*, et dans le codex II[6].

§37 Il faut relever également la présence en 40:24 de la tournure à valeur démonstrative ⲛⲉⲓ-...ⲉⲧⲉ ⲡⲁⲓ ⲛⲉ. Celle-ci est attestée à quatre reprises (59:29;76:3,25;134:5) dans le texte A₂ CG I,4*(TracTri)*, et en

---

1 Cette tournure exceptionnelle est également présente en CG II,2*(EvTh)*85:9. Il faut probablement y reconnaître la trace d'un aramaïsme transmis par le texte grec, cf.QUECKE, *Sein Haus*, pp.51-52.

2 Cf.NAGEL, *Grammat.Untersuch.*, p.421, §24; ARTHUR, *Gospel of Thomas*, p.275.

3 Cf.KAHLE, *Bala'izah*, p.140, §123a; LAYTON, *Hypostasis*, p.377, §5; cf.aussi KASSER, *PBodmer 18*, p.19; *PBodmer 19*, p.34; *PBodmer 22*, p.20.

4 Cf.LAYTON, *Text and Orthography*, p.190.

5 Cf.TILL, *Gramm.*, p.190, §377. En *PBodmer 6*, la préposition est répétée en 51:12. Ailleurs, c'est la préposition ⲙⲛ- qui unit deux substantifs.

6 Cf.NAGEL, *Grammat.Untersuch.*, p.459, §60.

CG XIII,1 *(PrôTri)* 42:28,33;49:29[1].

§38 Notons enfin en 44:8 l'expression ⲛⲟⲩⲛⲉⲧⲙⲟⲟⲩⲧ là où l'on trouve en sahidique ⲛⲉⲩⲣⲉϥⲙⲟⲟⲩⲧ[2]. La relative substantivée précédée d'un second
article défini, ou de son équivalent, est bien attestée dans les dialectes SAA₂. Elle est plus rare en B[3]. Elle est formée le plus souvent
à partir du qualitatif d'un verbe intransitif de devenir, ou du qualitatif d'un verbe transitif[4]. Mais le nombre des verbes susceptibles de
trouver place dans cette construction est relativement restreint en sahidique. Il est beaucoup plus élevé en subakhmimique, en particulier
dans les textes manichéens[5].

(2) LES PARTICULARISMES ORTHOGRAPHIQUES

§39 En CG VI,4, comme en CG II,4 *(HypArch)*[6] la particule ⲛ̄- est tantôt syllabique, c'est-à-dire surlignée [ⲛ̄- (179x)], tantôt non syllabique, c'est-
à-dire non surlignée [ⲛ- (11x)], ou parfois, quoique dans une proportion
moindre, doublée [ⲛ̄ⲛ- (5x)]. Dans toutes ses fonctions, à l'exception
de l'article défini pluriel, la particule est syllabique, qu'elle soit
suivie d'une voyelle (22x), ou d'une consonne (157x)[7]. Cependant, si elle
précède une voyelle ou une consonne syllabique elle est exceptionnellement doublée. Dans les quelques cas où ce redoublement est attesté, la
particule est suivie soit de la voyelle (38:30;39:22;40:18), soit de
l'article défini pluriel lui-même syllabique (41:8;46:2)[8].

---

1 Cf.SCHENKE, *Tractatus Tripartitus*, p.137.

2 Cf. *Mt.*, 8:22 et *Lc*, 9:60.

3 Cf.NAGEL, *Relativsatz*, p.118.

4 Par ex.: ⲟⲩⲁⲁⲃ⁺,ⲍⲟⲟⲩ⁺;ⲍⲏⲡ⁺,ⲭⲏⲕ⁺; ou encore à partir d'un verbe suffi-
  xal, par ex.: ⲛⲁⲛⲟⲩ˝; cf.CHERIX, *Lexicographie*, pp.13-14.

5 C'est le cas de ⲛ̄ⲛⲉⲧⲙⲁⲩⲧ , jamais attesté en S, mais bien en A₂ *(ManiP)*
  59:18;62:5.

6 Cf.LAYTON, *Text and Orthography*, pp.187-189.

7 Seule exception: ⲭⲓ ⲛ̄ϭⲟⲛ̄ⲥ, en 39:31. De même en CG VI,2 *(Brontè)* 20:8 et en
  CG VI,5 *(PlatoRep)* 48:27;50:21;51:10.

8 Lorsque la particule est suivie d'un article défini pluriel elle n'est pas
  doublée en 37:17,25;38:6,25;42:3,9;43:29;44:1,14,17,31;45:28;46:16;47:34;
  48:7,11.

§40 Le и de la préposition ₂п̄- suivie d'une voyelle (37:23) n'est pas doublé comme c'est parfois le cas en CG II,4*(HypArch)*[1]. On peut noter cependant un cas de redoublement du и de la préposition мп̄- suivie d'une
voyelle (37:30)[2].

§41 L'article pluriel п̄-, qui n'est jamais doublé, est toujours syllabique
qu'il soit suivi d'une consonne (29x) ou d'une voyelle (12x)[3]. Il n'est
pas syllabique lorsqu'il est précédé de la préposition A₂: ᴀ- (42:31),
de son équivalent S: є- (41:7;47:12)[4], ou de la forme nominale de la
base de conjugaison du Parfait I, *i.e.* ᴀ- , qu'il soit suivi d'une
voyelle (42:11;45:1) ou d'une consonne (38:6;42:17;43:33,34;44:5,6)[5].

§42 Les particules п̄, lorsqu'elles sont syllabiques, sont toujours assimi-
lées en п̄ devant п (ψ,φ) ou devant un м non syllabique, sauf lorsqu'
elles sont précédées d'un autre п̄ lui-même syllabique (39:19;44:1;45:28).
Les articles définis pluriels non syllabiques ne sont pas assimilés
(41:7;42:31;43:33;44:5).

§43 Lorsqu'un ₂ est suivi d'un ı, ces deux lettres sont toujours liées par
un circonflexe (36:15,29;38:8;39:26;41:10,17,33;43:16;44:23;45:11;47:10,
23). De même en ce qui concerne le є suivi du ı dans le cas du verbe єî
en 43:34;44:30,32,34, à l'exception probablement de 37:25[6]. Circonflexe
également sur la finale du verbe ᴀєıᴀєî en 44:33. Mais ᴀєıᴀєı en
46:5.

---

1 Cf.LAYTON, *Text and Orthography*, p.186.

2 Attesté aussi dans le codex II, cf.NAGEL, *Grammat.Untersuch.*, p.405,§11a
   (2); et dans le codex V, cf.FUNK, *Apok.Jak.*, p.63.

3 En CG II,4*(HypArch)* l'article и- suivi d'une voyelle n'est semble-t-il pas
   syllabique. Mais s'il est précédé d'un п̄ syllabique il peut devenir lui-
   même syllabique ou disparaître, cf.LAYTON, *Text and Orthography*, p.182,§2a.

4 En CG II,4*(HypArch)*, au contraire, s'il est vrai que l'article défini pluriel suivi d'une consonne et précédé de la préposition ᴀ- n'est pas syllabique, il reste néanmoins syllabique après son équivalent S: є-, cf.
   LAYTON, *Text and Orthography*, p.188, §2b.

5 Cf.POLOTSKY, *Conjugation System*, p.400, note 2; *Papers*, p.246.

6 V.supra, §33.

§44 En CG VI,4, outre le point (Layton: *raised point*), il faut aussi remarquer la présence d'apostrophes comme en CG II,4*(HypArch)*. L'apostrophe droite (Layton: *straight apostrophe*) est attestée après т (54x), après п (16x), après г (4x) et après в (1x)[1]. Quant à l'apostrophe proprement dite (Layton: *hook*), peu représentée, on la trouve après в (39:14), λ (39:26) et м (44:24). L'usage de l'apostrophe en CG VI,4 correspond à ce qu'en a dit B.Layton à propos de CG II,4*(HypArch)*[2]: (i) division syllabique là où la consonne est doublée, p.ex. λгг∈λос (3x), et (ii) marque facultative signalant la fin d'une syllabe ou celle d'un morphème (75x). La présence de l'apostrophe a déjà été signalée dans les manuscrits sahidiques anciens comme, par exemple, les papyrus *PBodmer 16* et *PBodmer 19*[3].

§45 Le 6 est employé au lieu de к devant ι dans les mots grecs[4]. C'est le cas de 6ιвωтос (38:30;39:3) et de кλ6ιλ (40:20;44:11,17,22;45:30)[5]. De même 6 est préféré à к en 46:4 où il faut sans doute lire кωλ∈x au lieu de 6ωλ∈x.

§46 Il arrive aussi parfois que l'article défini singulier masculin ou féminin suivi de 2 s'orthographie ф ou ө. C'est le cas notamment de 2ртє (37:13), 2ωв (39:14;40:30), 2λн (44:12;45:11), 2ооγ (42:16), 2γλн (40:18;47:7), 2λп (39:13;47:17) et 2ρ∈ (40:4)[6].

§47 Le qualitatif du verbe 6î est orthographié une fois нhγ (45:27), une autre fois нhoγ (42:21) et, à deux reprises, п̄нhoγ (40:32;47:3) avec un premier п̄ syllabique. Le redoublement de la nasale devant une voyelle est quelquefois attesté en CG VI,4[7] ainsi que dans l'ensemble du codex.

---

1 Peut-être aussi ҳ, v.39:14.

2 Cf.LAYTON, *Text and Orthography*, pp.190ss.

3 Cf.KASSER, *PBodmer 16*, p.10; *PBodmer 19*, p.24; cf.aussi QUECKE, *Lukasevangelium*, p.19.

4 Cf.RAHLFS, *Berliner Psalter*, p.34.

5 Cf.ailleurs en CG VI,6*(OgdEnn)*63:8, сγн6γλο66ι; ailleurs en sahidique: KAHLE, *Bala'izah*, p.96, §73.

6 Cf.TILL, *Gramm.*, p.41, §14.

7 V.supra, §39 et 40.

Ce phénomène, également présent dans le codex II[1], le codex V[2] de même qu'en *PBodmer 6*[3], est souvent attesté dans les textes sahidiques anciens, en particulier les papyrus Bodmer[4].

§48 En ce qui concerne la manière d'écrire le i (i ou j), CG VI,4 présente certaines fluctuations par rapport à l'orthographe standardisée du sahidique classique. Dans notre texte le i s'écrit comme suit:

(a) après une voyelle, en finale, on trouve le plus souvent -ï (35x), mais aussi -ei (36:13,16;37:16,32;39:1;40:12;43:21;44:33;46:5,14).

(b) le i intervocalique est toujours écrit -ei- (36:14;37:6;43:5,8,24; 44:10,33;46:2,5;47:16).

(c) de même -ei- devant une consonne finale: noein (45:30), oyoein (36:17;37:14,34;46:9;47:11,24,25), oeiϣ (38:26;40:32;43:12,13,19,29; 45:24), oyoeiϣ (43:16;44:32), xoeic (41:12;42:11).

(d) en début de mot, devant une consonne, toujours ei-: eine (41:24; 44:22;45:19), eipe (38:20;41:23;43:23;45:6,14;48:7).

(e) en début de mot, devant une voyelle, il s'écrit le plus souvent ei-: eiωt (38:19,24), eiωte (45:33), mais aussi i-: ieρωoy (45:35).

(f) après oy, toujours -ei: koyei (39:17), moyei(h) (37:35), moyeiooye (46:2), oyei (37:25)[5], oyeine (43:3).

(g) en fin de mot, après une consonne, il est habituellement écrit -i. Exceptions: cei (44:7), xei (40:28).

Dans les mots grecs le iota est toujours rendu par i et non par ei. Deux exceptions pourtant: λeiωn (42:21) et αntimeimon (45:2). Mais la diphtongue αι est rendue par e: ʒeρecic (40:8), ecehcic (36:1), ecxρoc (39:20), à l'exception du substantif λ(e)iωn. De semblables hésitations ont été également constatées ailleurs à Nag Hammadi[6] et dans les textes

---

1 Cf.NAGEL, *Grammat.Untersuch.*, p.404-407, §11.

2 Cf.par ex.FUNK, *Apok.Jak.*, pp.63-64.

3 Cf.KASSER, *PBodmer 6*, p.140.

4 Cf.KASSER, *PBodmer 16*, p.11; *PBodmer 19*, p.31; *PBodmer 21*, p.14; QUECKE, *Lukasevangelium*, pp.67-68; QUECKE, *Bibelhandschrift II*, p.301.

5 V.supra, §33.

6 Cf.pour le codex II, NAGEL, *Grammat.Untersuch.*, p.398, §1-3.

sahidiques anciens[1].

§49 Les changements vocaliques, lorsqu'ils interviennent dans une syllabe non accentuée, sont apparemment moins significatifs que lorsqu'ils apparaissent dans une syllabe accentuée[2]. Ils ne sont pas ici considérés comme des caractéristiques dialectales, dans la mesure où ils ne sont pas systématiquement attestés dans un dialecte différent de S. Du point de vue du sahidique il y a changement du ⲁ en ⲉ dans les cas suivants[3] :

S:	AA₂:	CG VI,4:
ⲁⲙⲛ̄ⲧⲉ	ⲉⲙⲛ̄ⲧⲉ[4]	ⲉⲙⲛ̄ⲧⲉ (37:30;41:10,17,28,33)
	ⲁⲙⲛ̄ⲧⲉ	
ⲁⲙⲁ₂ⲧⲉ	ⲉⲙⲁ₂ⲧⲉ[4]	ⲉⲙⲁ₂ⲧⲉ (42:2;46:26)
	ⲁⲙⲁ₂ⲧⲉ	ⲁⲙⲁ₂ⲧⲉ (41:23;46:10)
ⲁⲛⲁⲩ	(ⲉⲛⲁⲩ)[5]	ⲉⲛⲁⲩ (37:24), ⲁⲛⲁⲩ (43:3)
	ⲁⲛⲉⲩ	
ⲁⲥⲓⲱⲟⲩ	ⲉⲥⲓⲱⲟⲩ	ⲉⲥⲓⲱⲟⲩ (46:12)
ⲁⲟⲩⲁⲛ	ⲉⲟⲩⲁⲛ	ⲉⲟⲩⲁⲛ (36:32)
ⲃⲁⲣⲱⲧ	(ⲃⲉⲣⲱⲧ)[6]	ⲃⲉⲣⲱⲧ (41:30)
ⲧⲁ₂ⲟ⸗	ⲧⲉ₂ⲁ⸗	ⲧⲉ₂ⲟ⸗ (47:20)[4], ⲧⲉ₂ⲁ⸗ (37:8)[7]

Ce particularisme vocalique d'origine AA₂, présent ailleurs en CG VI[8] et

---

1 Cf.KASSER, *PBodmer 16*, p.12; *PBodmer 18*, p.17; *PBodmer 19*, p.26; *PBodmer 21*, pp.17-18; *PBodmer 22*, p.18; *PBodmer 23*, p.23; QUECKE, *Markusevangelium*, pp. 30-31; QUECKE, *Lukasevangelium*, pp.53-54.

2 V.supra, §1-2.

3 V.aussi §5.

4 Forme attestée en *PBodmer 6*.

5 Cette forme n'est pas attestée en AA₂, mais cf.CG VI,2*(Brontè)*13:5; on la trouve également en sahidique, cf.KASSER, *PBodmer 22*, p.19 et QUECKE, *Briefe Pachoms*, p.660, note f.

6 Cette forme n'est pas attestée en AA₂. A rapprocher de ZANDEE, *Deviations*, p.376, §9.

7 V.supra, §2.

8 Cf.KRAUSE-LABIB, *Gnost.und herm.Schriften*, p.65.

dans les codex II[1] et VII[2], est également attesté dans les textes sahidiques anciens[3].

Noter également en CG VI,4 la présence de la forme ϲⲁⲣⲁϫ (37:17;38:14,
18,19,24;39:14;41:2;42:1;46:10;48:10)[4] de préférence à ϲⲁⲣ(ⲉ)ϫ[5].

§50 Devant un ϩ il y a changement, toujours du point de vue du sahidique, du
ⲉ en ⲁ dans les formes réduites des verbes suivants:

S:	AA₂:	CG VI,4:
ⲟⲩⲉϩ-ϲⲁϩⲛⲉ	ⲟⲩⲁϩ-ϲⲁϩⲛⲉ[6]	ⲟⲩⲁϩ-ϲⲁϩⲛⲉ (42:8)
ⲙⲉϩ-	ⲙⲁϩ-[6]	ⲙⲁϩ- (43:13;47:2)

Ce particularisme est attesté en CG VI[7], ailleurs à Nag Hammadi[8], et dans
les textes sahidiques anciens[9].

§51 Relevons en 44:20 la forme réduite SAA₂: ϩⲟⲩ-[10] du verbe ϩⲓⲟⲩⲉ utilisée ici, comme en AA₂ et en *PBodmer 6*, de préférence à ϩⲓ-. De même

---

1 Cf.NAGEL, *Grammat.Untersuch.*, pp.412-414, §16:a.

2 Cf.ZANDEE, *Deviations*, p.369, §2.

3 Cf.KAHLE, *Bala'izah*, p.58, §7.

4 Cette forme est probablement attestée en CG V,4*(2ApocJac)*48:7 à côté de
ϲⲁⲣϫ̄.

5 Cf.POLOTSKY, *Lautlehre II*, p.127 et note 1; *Papers*, p.360; v.aussi supra,
§28.

6 Forme attestée en *PBodmer 6*.

7 Cf.KRAUSE-LABIB, *Gnost.und herm.Schriften*, p.37 (CG VI,1), p.42 (CG VI,2),
p.55 (CG VI,6).

8 Cf.par ex.CG V,4*(2ApocJac)*45:24; cf.ZANDEE, *Deviations*, pp.369-370, §5.

9 Cf.KAHLE, *Bala'izah*, p.68, §21; KASSER, *PBodmer 18*, p.18; *PBodmer 19*, p.29;
PBodmer 21, p.18; *PBodmer 22*, p.19; QUECKE, *Markusevangelium*, p.40.

10 Cf.TILL, *Gramm.*, p.135, §272; L'expression ϩⲟⲩ-ⲧⲟⲟⲧ⸗ ⲉ-(ⲁ-) + substantif est attestée en *ManiH*, 34:13; *ManiP*, 9:22 et *PBodmer 6*, 110:13, avec
le sens de *mettre la main sur, s'en prendre à*.

les formes SAA₂: ⲧⲟⲩⲃⲟ (47:30)[1] et AA₂: ⲧⲟⲩⲃⲁ⸗ (36:20)[2] apparaissent
à côté de l'infinitif ⲧⲃ̄ⲃⲟ (36:7;46:24)[3].

§52 Il faut également signaler l'absence du -ⲥ final pour les deux substantifs suivants dérivés de ⲗⲁⲓ[4]: ⲗⲓⲏ (37:6;43:8)[5] et ⲗⲙⲁⲉⲓⲏ (43:5)[6]

4. CONCLUSIONS

A la lecture des notes qui précèdent il apparaît que les caractéristiques
dialectales non sahidiques attestées en CG VI,4 sont essentiellement AA₂ et
PBodmer 6. Sur le plan vocalique et lexical CG VI,4 est plus particulièremen
sahidique. Il présente cependant à plusieurs reprises une vocalisation AA₂ e
quelques mots typiquement A₂. Mais, le plus souvent, les formes AA₂ sont pré
sentes à côté des formes sahidiques régulières[7]. Lorsque les mots à vocalisa
tion non sahidique attestés en CG VI,4 se retrouvent aussi en *PBodmer 6*, ceu
ci sont le plus souvent vocalisés S dans le manuscrit Bodmer. Bien que *PBodmer 6* présente également du vocabulaire A₂ et quelques traces de vocalisatio
AA₂, ces dernières sont cependant moins importantes qu'en CG VI,4. Sur ce pl
CG VI,4 est donc plus proche de AA₂ que de *PBodmer 6*[8]. Admettons que la lang
de *PBodmer 6* puisse être considérée comme un proto-sahidique[9]. Dans cette

---

1 Cette forme est attestée en sahidique, cf.KASSER, *PBodmer 19, Mt.*,23:19,2

2 V.supra, §2.

3 La forme ⲧⲃ̄ⲃⲟ (seule attestée en *PBodmer 6*) et la forme ⲧⲟⲩⲃⲟ se retro
vent ensemble ailleurs à Nag Hammadi; cf.par ex. pour le codex II, NAGEL,
Grammat.Untersuch., p.433; pour le codex VII, ZANDEE, *Deviations*, p.378.

4 Cf.CRUM, *Dict.*, 2a.

5 ⲗⲓⲏ est attesté en CG VII,4(*Silv*)115:1 et CG I,4(*TracTri*)53:22;64:31; cf
ZANDEE, *Deviations*, p.378, §D2.

6 Seule la forme ⲗⲙⲁⲉⲓⲏⲥ est attestée en A₂. L'origine du préfixe formati
est inconnu, cf.OSING, *Nominalbildung*, p.322.

7 V.supra, §1,2 et 49.

8 A moins que le mélange des formes, par ex.: ⲃⲁⲗ/ⲃⲉⲗ, ⲉⲓⲙⲉ/ⲙ̄ⲙⲉ ne soit
précisément une caractéristique dialectale *PBodmer 6*.

9 Cf.VERGOTE, *Dialecte P*, p.55.

perspective on peut envisager l'hypothèse suivante: Il y a eu, sur le plan diachronique, une sahidisation progressive du proto-sahidique tel qu'il est attesté en *PBodmer 6*, par élimination de caractéristiques dialectales P proches de AA$_2$ et d'archaïsmes, pour aboutir enfin au sahidique classique que nous offre le Nouveau Testament, par exemple. On peut alors considérer que la langue de CG VI,4 représente un maillon de la chaîne qui conduit de P à S. Dans ce cas il faut postuler une influence AA$_2$ secondaire (scribe d'origine A ou A$_2$) pour expliquer les caractéristiques vocaliques AA$_2$ du texte.

De même, sur le plan morphosyntaxique, les caractéristiques dialectales sont essentiellement AA$_2$ et *PBodmer 6*. Seuls trois akhmimismes, le Conjonctif sans ℕ (2x)(§11), le Prétérit en ⲁ (1x)(§12), ainsi que l'utilisation de la forme incorrecte, du point de vue du sahidique, de l'infinitif devant un objet directement lié (3x)(§18), ne sont pas attestés en *PBodmer 6*. Si l'hypothèse d'une filiation de la langue de CG VI,4 par rapport à celle de *PBodmer 6* s'avérait exacte sur le plan morphosyntaxique également, il faudrait, là aussi, postuler une influence secondaire de A sur le texte, ou bien admettre que le texte de *PBodmer 6*, s'il avait été plus long, aurait pu posséder lui aussi ces formes akhmimisantes. Mais il faut noter qu'un bon nombre de caractéristiques dialectales AA$_2$ et *PBodmer 6* se retrouvent parfois en sahidique dans les textes anciens tels les papyrus de la collection Bodmer ou même dans le Nouveau Testament[1]. La présence de ces quelques formes A probablement secondaires n'exclut donc pas une filiation de CG VI,4 à l'égard de *PBodmer 6* sur le plan morphosyntaxique.

Enfin, la plupart des particularismes morphosyntaxiques relevés en CG VI,4 sont attestés eux aussi dans les papyrus anciens comme les papyrus Bodmer[2]. Et deux d'entre eux ne sont attestés de façon systématique qu'en *PBodmer 6*, soit la forme en ⲉ (ⲉⲧⲉϥ-) du Présent relatif (§27) et la phrase coupée (§29). Mais d'autre part, l'attestation de la préposition ⲛ̄ⲧⲉ-, rare en *PBodmer 6* et fréquente en CG VI,4 (§34), et la présence de la relative substantivée à double article utilisée en particulier avec ⲙⲟⲟⲩⲧ✝ (§38), sont typiques des textes manichéens subakhmimiques[3]. De plus, l'usage de la prépo-

---

1 V.supra, §4,5,6,20.

2 En particulier *PBodmer 16, 18, 19, 21, 22, 23*.

3 Cf., pour la préposition ⲛ̄ⲧⲉ-, NAGEL, *Grammat.Untersuch.*, p.421, §24; ARTHUR, *Gospel of Thomas*, p.275.

sition ⲡ- au lieu de ₂ⲡ- (§35), attesté en A, est ignoré de *PBodmer 6*, et l'expression à valeur démonstrative ⲛⲉⲓ-...ⲉⲧⲉ ⲛⲁⲓ ⲛⲉ (§37), connue à Na Hammadi seulement, est attestée quatre fois dans un texte A₂[1]. Néanmoins les particularismes morphosyntaxiques apparaissent surtout, comme nous l'avons v dans des textes sahidiques anciens et en *PBodmer 6*. Ils font vraisemblable-ment figures d'archaïsmes et tendent à montrer l'ancienneté de la langue de CG VI,4. Les quelques traces AA₂, c'est-à-dire les particularismes qui ne sont attestés ni en S, ni en *PBodmer 6*, sont en fait plutôt rares et pour-raient être le reflet, elles aussi, d'un remaniement secondaire dû à la dif-fusion du texte en milieu AA₂.

Il paraît donc tout à fait vraisemblable que le texte de CG VI,4 ait été rédigé en dialecte sahidique à une époque très ancienne où la langue n'était pas encore le dialecte sahidique classique tel qu'il nous est connu par le Nouveau Testament ou l'oeuvre de Chenouté, Pachôme etc. Dans cette hypothèse l'apparente structure morphosyntaxique AA₂ du texte serait due non pas à un essai de traduction en sahidique par un scribe d'origine A ou A₂, mais bien à l'ancienneté de la langue de CG VI,4. Cette ancienneté explique la parenté de CG VI,4, sur le plan morphosyntaxique, avec *PBodmer 6*[2], témoin d'un état plus ancien encore du dialecte sahidique. Les quelques traces de vocalisation AA₂ et les particularismes d'origine AA₂ relevés en CG VI,4 seraient dus, quant à eux, à la diffusion du texte en milieu A ou A₂.

Mais il n'est pas possible d'exclure absolument cette seconde hypothèse, selon laquelle le dialecte sous-jacent de CG VI,4 serait le subakhmimique, c'est-à-dire le dialecte d'origine d'un traducteur s'efforçant d'écrire en sahidique. La filiation à l'égard de l'hypothétique proto-sahidique attesté en *PBodmer 6* serait alors tout à fait illusoire. Mais en ce cas il resterait à expliquer la présence, en CG VI,4, de tournures apparemment plus *PBodmer 6* que AA₂, en particulier le Présent I relatif (§27) et la phrase coupée (§29) et peut-être aussi la construction de ϭⲟⲙ avec un Conjonctif (§32) ou encore le Parfait relatif (§7-10).

---

1 Cf.CG I,4(*TracTri*)59:29;76:3;134:5.

2 D'après les estimations de R.Kasser, on pourrait peut-être situer l'origin du texte préservé en *PBodmer 6* au IIe siècle (cf.KASSER, *Pap.Lond.98*, p. 160). Quant au manuscrit lui-même, une nouvelle étude paléographique a été faite en été 1979 par le Dr.Cavallo. Ce dernier attribue *PBodmer 6* de fa-çon catégorique à la fin du IIIe siècle. Nous remercions au passage le Professeur R.Kasser qui a bien voulu nous communiquer cette information.

Quoiqu'il en soit, la relative brièveté des textes, tant de CG VI,4 que de *PBodmer 6*, nous interdit d'envisager autre chose que des évaluations ou des vraisemblances, et les quelques remarques conclusives qui précèdent n'ont pas la prétention d'être définitives. Seule une étude grammaticale systématique et rigoureuse de l'ensemble de la bibliothèque de Nag Hammadi, et de tous les textes pouvant nous fournir l'un ou l'autre élément de réponse, permettra de faire jaillir quelque lumière sur ce difficile problème de dialectologie.

Rome, automne 1979.

INDEX DES FORMES

A. BIPARTITE

PRESENT I (§6)

ϥ- (38:12;44:31;45:27;46:22)
ⲧⲉⲧⲛ̅- (37:3;39:33)
ⲥⲉ- (48:5,6)

FUTUR I (§6,§24)

(a) ϯⲛⲁ- (45:12;46:6)
ϥⲛⲁ- (36:4,6,7,10;40:17,22,25;
42:18,20;45:6,14;46:5,33;47:28)
ⲥⲛⲁ- (40:16)
ⲧⲉⲧⲛ̅ⲛⲁ- (36:24)
ⲥⲉⲛⲁ- (42:22,23,26,29;43:1bis;
45:15,18,30,34;46:3,4,5,12,23;
47:7,15,30,31)
ⲥⲉⲛⲉ- (45:35)
ⲛⲁ- (47:9;42:31;36:6)

(b) ϥⲁ- (40:28bis,29,30,31;45:33)

PRESENT CIRCONSTANCIEL

ⲉϥ- (37:9bis,22,29;38:22,23;
39:12,18,19bis;42:19;43:17,
19;44:20,21)
ⲉⲥ- (48:11)
ⲉⲧⲉⲧⲛ̅- (40:1*)
ⲉⲩ- (42:29;46:12,13,23;47:10,
17,20 - 39:27,32;40:8;45:23)

PRESENT RELATIF (§14,§27)

(a) ⲉⲧⲉϥ- (41:4)
ⲉⲧⲟⲩ- (37:10;42:25;47:27)
ⲉⲧⲉ- (36:13)

FUTUR RELATIF (§5,§14)

ⲉⲧⲉⲧⲛⲁ- (37:4) (ou Futur II ?)
ⲉⲧⲉ-...ⲛⲁ- (43:9)
ⲉⲧⲉⲣⲉ-...ⲛⲁ- (36:9)

(b) ет- (40:6,13,32;41:10;42:21,
   24;43:22;45:18;46:7,17;47:11,
   22,33;48:2)
   пет- (36:3,30;37:12,22,23;
   40:26;41:17,27,33;44:8;47:19)
   нет- (41:11,19;43:26;45:10,
   20;47:14,31)

PRETERIT (§12,§30)

 neq- (42:4)
nλq- (38:13)
nλy- (45:5)

PRETERIT FUTUR (§12,§30)

ne-...nλ- (39:4)

PRESENT II (§48)

ееı- (46:14)
еq- (38:24;39:11;44:18)
еy- (37:15;47:20)
еρе- (37:13)

FUTUR II (§5, 6)

(a) еqnλ- (37:1*,32;44:16;46:32)
   ететnλ- (36:29)
   еynλ- (36:20;37:26;42:32)

(b) есλ- (36:16)

B. TRIPARTITE

PARFAIT I AFFIRMATIF (§7,§48)

λеı- (37:16)
λq- (36:29;37:25;38:20,26,29,31;39:6,7,14,21bis;41:5,7,9,10,12,21;
   41:30,33;42:8;43:17,23,24,34;44:14,20,26,27bis,30,32;45:7,8,11,22)
λс- (40:11,12;45:29)
λн- (48:9)
λтетn̄- (37:5;42:30)
λy- (41:14,16,19,23bis,24,26,28;43:3,30,32bis;44:7,10;47:23,24,25;48:7)
λ- (38:1,5,6,8,32;39:1,14;41:13,20;42:5,11,15,16,17;43:29,33,34;44:5bis,
   6,8,11,30;45:1)

PARFAIT CIRCONSTANCIEL

еλн- (48:12)
еλy- (37:34;47:18)

PARFAIT RELATIF (§7-10)

(a) етλq- (41:1)
   етλy- (45:26;46:25)
   пентλq- (38:31)

PHRASE COUPEE (§29)

етλy- (46:26)(?)
етλ- (44:3)
н̄тλ- (38:3)

(b) ⲉⲧⲁ₂- (38:10;43:6)
ⲡⲉⲛⲧⲁ⳽- (36:28;42:12)

PARFAIT I NEGATIF (§27)

Ⲙ̄ⲡⲉ⳽- (42:2;44:24)
Ⲙ̄ⲡⲉⲥ- (40:9)
Ⲙ̄ⲡⲟⲩ- (42:10,13)
Ⲙ̄ⲡⲉ- (37:33;38:28;39:2)

PARFAIT NEGATIF CIRCONSTANCIEL (§27)

ⲉⲘⲡⲉ- (41:22)

"PAS ENCORE"

"PAS ENCORE" CIRCONSTANCIEL (§27)

Ⲙ̄ⲡⲁⲧⲉ⳽- (38:12)

CONSUETUDINAL (§13)

ϣⲁⲣⲉ⳽- (43:15)

CONSUETUDINAL II (?) (§25,§32)

ⲉϣⲁ⳽-(ⲧⲛ̄ⲧⲛ̄) (46:31)

PRETERIT CONSUETUDINAL (§30)

ⲛⲉϣⲁⲩ- (38:15)

CONJONCTIF (§11,§33)

ⲛ̄⳽- (40:18;41:31;44:16,23,28;45:20)
ⲛ̄ⲥ- (36:18)
ⲛ̄ⲧⲉⲧⲛ̄- (36:25;37:24;40:2bis,3)
ⲛ̄ⲥⲉ- (36:22;42:27;43:10bis;45:16,32;46:4;47:29)
ⲥⲉ- (36:21bis)
ⲛ̄ⲧⲉ- (37:18;46:18)

TEMPOREL (§15,§31)

ⲛ̄ⲧⲁⲣⲉ⳽- (38:22;44:34)
ⲛ̄ⲧⲁⲣⲟⲩ- (38:17,18)
ⲛ̄ⲧⲁⲣⲉ- (44:10)

"JUSQU'A" (§31)

ϣⲁⲛⲧⲉ⳽- (40:19,23;43:18)
ϣⲁⲛⲧⲟⲩ- (46:24)
ϣⲁⲛⲧⲉ- (44:33)

CONDITIONNEL AFFIRMATIF (§25)

ⲉ⳽ϣⲁⲛ- (45:25)
ⲉⲣϣⲁⲛ- (46:29)

CONDITIONNEL NEGATIF (§26,§32)

ⲉ⳽ϣⲁⲛ-ⲧⲛ̄ⲧⲛ̄- (40:21)
ⲉⲥ-ⲧⲘ̄- (40:15)

I N D E X

DES MOTS D'ORIGINE EGYPTIENNE[1]

ⲁ- préposition, v. ⲉ-.

ⲁⲉⲓⲁⲉⲓ vb (1b). 44:33;46:5.

[ⲁⲉⲓⲏⲥ], ⲁⲉⲓⲏ, [1]ⲁⲙⲁⲉⲓⲏ nom f (2a). 37:6;43:5[1],8.

[ⲁⲙⲛ̄ⲧⲉ], ⲉⲙⲛ̄ⲧⲉ nom m (8b). 37:30;41:10,17,28,33.

ⲁⲙⲁⲍⲧⲉ, [1]ⲉⲙⲁⲍⲧⲉ vb (9a). 41:23;42:2[1];46:10,26[1].
c.nom m 36:8.

[ⲁⲥⲁⲓ], ⲉⲥⲓⲱⲟⲩ† vb (17b). 46:12.

ⲁⲛ particule de négation (10b)
   (a) ⲁⲛ (Bipartite). 37:3;38:12;39:6;45:34,35;48:4,5.
   (b) ⲛ̄-...ⲁⲛ (Bipartite). 47:8;48:6.

ⲁⲛⲟⲕ, [1]ⲛ̄ⲧⲟⲕ, [2]ⲛ̄ⲧⲟϥ, [3]ⲁⲛⲟⲛ, [4]ⲛ̄ⲧⲟⲟⲩ pronom pers. indép. (11b).
   37:5[2];45:4[4];45:12[1];47:13;48:12[3].

ⲁⲧ- préfixe nominal (18b). Avec les mots suivants: ⲥⲃ̄ⲃⲉ, ⲧⲁⲍⲟ⸗,
   ⲱϫⲛ̄, ϣⲓⲧ⸗, ⲥⲱⲙⲁ.

ⲁⲩⲱ conj. (19b). Dans ce texte, toujours précédé d'une marque de
   ponctuation.
   (a) unissant des propositions: 36:5,6,7,24,25;37,12,14,31;38:1*,
   3,6,8,15,26,28,29,31,32;39:1,11,13,21;40:9,12,14,15,16,28;41:3,7,

---

1 Les formes entre crochets ne sont pas attestées en CG VI,4. Les réfé-
rences précédées de l'astérisque signalent les mots partiellement attestés ou de lecture incertaine.

9,11,26,28;42:1,8,9,14,18,20,22,23,26,32;43:24,32;44:5,7,15,18,30;
45:4,7,8,32;46:1,5,6,8,23,30;47:20,22,27,30;48:9.

(b) devant un conjonctif: 36:17,21;42:27;45:20;47:29.

(c) introduisant, à l'intérieur d'une proposition, (i) un nom
(sans répétition de la préposition): 36:14;38:2*;39:8,10;40:20;
43:15. (ii) un nom (avec répétition de la préposition) : 45:9;
48:1 (= *ainsi que, et aussi*).

(d) introduisant, à l'intérieur ou au début d'une phrase, le
verbe principal: 36:3;38:19,23;40:9;47:15 (= *alors, ainsi* =
ⲧⲟⲧⲉ , cf.45:1).

[ⲁⲩⲁⲛ], ⲉⲟⲩⲁⲛ   nom m (20b). 36:32.

ⲁϣ   pronom interrog. (22a). 43:8.

    ⲁϣ ⲛ̄-   36:32;37:1,2,3,4*,6;38:11;43:4,8bis.

    ⲁϣ ⲧⲉ ⲑⲉ ⲛ̄-(inf.) 36:31.

[ⲁ₂ⲛ̄-]   v. ⲉⲝⲛ̄- .

ⲁ₂ⲉⲣⲁⲧˢ   v. ⲱ₂ⲉ .

ⲁⲝⲛ̄-   préposition, v. ⲉⲝⲛ̄- .

ⲃⲱⲕ   vb (29a). 36:28.

    -- ⲉⲡⲓⲧⲛ̄   41:31.

    -- ⲉ₂ⲟⲩⲛ   38:18,31;39:4;46:8.

ⲃⲁⲗ, ¹ⲃⲉⲗ   nom m (31b). 37:33;46:21¹;48:3.

ⲃⲱⲗ, ¹ⲃⲟⲗˢ, ²ⲃⲁⲗˢ   vb (32a). 39:14(moy).

    -- ⲉⲃⲟⲗ   37:32¹;41:12²;42:6;43:34(moy);44:18;47:28¹.

    -- ⲉⲃⲟⲗ   c.nom m 42:14;43:31

    ⲛ̄ⲃⲁ̄ⲗⲗˢ   v. ⲟⲩⲱϣ 2.

ⲃⲟⲗ   v. ⲉⲃⲟⲗ .

ⲃⲱⲗⲕ̄   vb (37b). 43:32;44:27.

ⲃ̄ⲗ̄ⲕⲉ   nom f (38a). 39:23;41:16;43:29.

[ⲃⲁⲣⲱⲧ], ⲃⲉⲣⲱⲧ   nom m (43b). 41:30.

ⲉ-, ¹ⲁ-, ²ⲉⲣⲟˢ   préposition (50a). 36:13²,24²,25²;37:12,16,18,24;38:7,
15²;40:23²;41:7,20,30¹;42:8,10,26²;43:33;44:21,34;45:20,29²;46:18,
27²;47:6,21²,31,32²;48:3²,6²,7¹.

ⲉ-(inf.)   36:30[1];38:7;39:7;40:15,22;41:16;42:2[1],11;43:27;44:18,22, 28;46:22,31.

ⲉ-ⲧⲣⲉ-(inf.)   36:13;39:3;41:31;42:3;46:20[1],26[1].

ⲉ2ⲟⲩⲛ ⲉ-   38:18,31[2];39:4[2];44:17;46:8.

ⲉ2ⲣⲁ̈ⲓ ⲉ-   41:24[2];42:30[1];44:29;45:35.

ⲉⲃⲟⲗ   adverbe (34a).

(vb + ⲉⲃⲟⲗ)   36:7,10,18,21;37:15;40:4,14;41:13;42:3,6,19,20,22, 27;43:7,31,34;44:4,18,27;45:5,25;46:22,32,33;47:10,29,32.

ⲉⲃⲟⲗ 2ⲛ̄-,ⲛ̄2ⲏⲧ⳿   37:27,32;41:18;42:7;44:7,15.

ⲉⲃⲟⲗ ⲭⲉ-   38:12;44:25;45:29;48:5*.

ⲉⲃⲟⲗ ⲛ̄- (=2ⲛ̄-)   38:4;40:29.

ⲉⲙⲛ̄ⲧⲉ   v. ⲁⲙⲛ̄ⲧⲉ.

ⲉⲙⲁⲧⲉ   adverbe (190a).   44:12.

ⲉⲛⲉ   particule interrog.(irréel) (56b).   39:2.

ⲉⲣⲱⲧⲉ   nom m (58b).   40:29.

ⲉⲧⲃⲉ-   préposition (61a).   41:3;47:21.

ⲉⲧⲃⲉ-ⲟⲩ   37:2*.

[ⲉⲧⲛ̄-], ⲉⲧⲟⲟⲧ⳿   préposition (427b).   41:17,27,29.

ⲉⲟⲟⲩ   nom m (62a).

†-ⲉⲟⲟⲩ   vb comp   47:18.

ⲉⲭⲛ̄- (ⲉⲭⲙ̄-,assimilation), [1]ⲁⲭⲛ̄-, [2]ⲉⲭⲱ⳿   préposition (757a).   40:11; 42:11[2];45:9,10[1].

ⲉ2ⲣⲁ̈ⲓ ⲉⲭⲛ̄-   41:15[2];43:31.

ⲏⲉⲓ   nom m (66b).   40:12.

ⲏⲡⲉ   nom f (527b).   43:20.

ⲉⲓ, [1]ⲛⲏⲩ†, [2]ⲛⲏⲟⲩ†, [3]ⲛ̄ⲛⲏⲟⲩ†   vb (70a).   40:32[3];42:21[2];44:30,32;45:27[1]; 47:3[3].

-- ⲉ-,ⲉⲣⲟ⳿   44:34.

-- ⲉ2ⲣⲁ̈ⲓ   43:34.

c.nom m   37:25.

[ⲉⲓⲙⲉ], ⲙ̄ⲙⲉ   vb (77b).

-- ⲭⲉ-   37:24;42:13.

ⲉⲓⲛⲉ, [1]ⲛ̄- vb (78b).

    -- ⲉ2ⲟⲩⲛ 44:22;45:19.

    -- ⲉ2ⲣⲁⲓ̈ 41:24.

    -- ⲉⲭⲛ̄- 40:11[1].

[ⲉⲓⲉⲣⲟ], ⲛ̄-ⲓⲉⲣⲱⲟⲩ nom m (82b). 45:35.

ⲉⲓⲣⲉ, [1]ⲣ̄-, [2]ⲟ⁺, impér.[3]ⲁⲣⲓ- vb (83a). 38:20;41:23;43:17[1],23;44:16[1];
45:6,14;48:7.

    ⲉⲓⲣⲉ ⲛ̄-(obj.) ⲛ̄- (attr.) 43:23.

    ⲟ⁺ ⲛ̄- 38:22.

    vb comp en ⲣ̄-: ⲣ̄-ⲕⲁⲕⲉ 42:17; ⲣ̄-ⲣ̄ⲣⲟ 45:8; ⲣ̄-ⲟⲩⲟⲉⲓⲛ 47:25;
    ⲣ̄-2<ⲟ>ⲟⲩ 45:29; ⲣ̄-ⲭⲁⲉⲓⲉ 44:10.

    c.auxiliaire facultatif devant les verbes grecs, v.sous second
    constituant.

    ⲁⲣⲓ-ⲛⲟⲉⲓ 37:6[3].

ⲉⲓⲱⲧ nom m (86b). 38:19,24.

ⲉⲓⲱⲧⲉ nom f (87b). 45:33.

[ⲉⲓⲧⲛ̄], ⲓⲧⲛ̄ nom m (87b).

    ⲉ-ⲡⲓⲧⲛ̄ 41:31;46:14.

    ⲉ-ⲡⲓⲧⲛ̄ ⲉ- 47:6.

[ⲕⲉ], -ⲕⲉ- pronom (90b). 38:1;48:8.

ⲕⲟⲩⲉⲓ nom m f (92b). 39:17.

ⲕⲱ, [1]ⲕⲁ- vb (94b).

    -- ⲉ2ⲣⲁⲓ̈ 39:32;43:1.

    -- 2ⲓⲭⲛ̄- 45:11[1].

ⲕⲁⲕⲉ nom m (99b). 37:30;46:19.

    ⲣ̄-ⲕⲁⲕⲉ vb comp 42:17.

[ⲕⲱⲗⲝ̄], ϭⲱⲗⲝ̄ vb (107b).

    -- (moy) 46:4.

ⲕⲓⲙ vb (108a).

    -- (moy) 37:34;44:5.

ⲕⲣⲟϥ nom m (118b). 39:30.

ⲕⲱⲧⲉ   vb (124a).

     --   ⲛ̄ⲥⲁ-   42:12;48:4,5.

ⲕⲁϩ   nom m (131a).   37:9;40:12;44:5,8;45:9,12,27;46:3.

ⲕⲱϩ   vb (132a).

     c.nom m   39:24.

ⲕⲱϩⲧ̄   nom m (133b).   36:5;37:31;38:4;40:11;41:20;46:12,18,29.

[ⲗⲟ],   impér.(2e pl)   ⲁⲗⲱⲧⲛ̄   vb (135a).   40:5.

ⲗⲁⲥ   nom m (144b).   41:6.

ⲗⲁⲁⲩ   pronom (146a).   37:18;38:28;40:22;41:22;46:13,31.

     --   ⲛ̄ⲧⲉ-   46:10.

     --   ⲛ̄ϩⲏⲧ⸗   36:23.

ⲙⲁ   nom m (153a).

     --   ⲛ̄-(attr.)   36:26;43:23*;44:1.

ⲙⲉ   vb (156a).   44:20.

ⲙⲉ   nom f (156b).   42:29;44:19.

     ⲛ̄-ⲙⲉ , attr.,   40:4.

[ⲙⲟⲩ],   ⲙⲟⲟⲩⲧ⁺   vb (159a).   41:11;44:8.

[ⲙ̄ⲙⲛ̄-],   ⲙⲛ̄-   expression prédicative, v. ⲟⲩⲛ̄-.

ⲙ̄ⲙⲓⲛ ⲙ̄ⲙⲟ⸗   renforçateur (168b).   38:21.

ⲙⲛ̄-,   ¹ⲙⲛ̄ⲛ-,   ²ⲛⲙ̄ⲙⲁ⸗   préposition (169b).

     (a)   unissant deux substantifs: 36:19;37:11,14,30¹,35;39:2,8,10,

     26,28,29,30;40:5,6,7,11;43:26,28,35;44:9,26;45:15;46:19,20,28;

     47:13;48:8.

     (b)   après un verbe: 39:18;42:26²;46:6.

ⲙⲛ̄ⲛ̄ⲥⲁ-   préposition (314b).   42:18;43:12.

ⲙⲓⲛⲉ   nom f (172a).   37:1;38:11.

[ⲙⲟⲟⲛⲉ],   ⲙⲁⲛⲉ   vb (173a).

     --   [ⲉⲃⲟⲗ](?)   c.nom m   40:14.

ⲙⲛ̄ⲧ-   préfixe nominal formant des substantifs f (176a). V.les mots suivants:

     ⲛⲟϭ, ⲣ̄ⲣⲟ, ⲥⲁⲉⲓⲉ, ⲥⲃ̄ⲃⲉ, ϫⲟⲉⲓⲥ , ainsi que   ⲇⲓⲁⲃⲟⲗⲟⲥ,

ϩ ε ρ ε c ι c, ε ϭ ρ ο c, c ε м ν ο c.

м̄ π ⲱ ⲗ   vb (179a). 38:23.

м̄ π ⲱ ⲗ   adverbe (180a). 43:22.

[м ο c т ε] , м ⲁ c т ε   vb (187a). 39:24.

[м н т] , м н̄ т -   nombre cardinal (187b).

    м н̄ т - ⲗ ϥ т ε   46:27.

м н т ε   nom f (190b). 38:6.

м̄ т ο ν   vb (193b)

    --   м̄ м ο ⸗ (réfl) 47:25.

м̄ м ⲁ ⲩ   adverbe (196b). 37:22;46:16.

    ε т м̄ м ⲁ ⲩ   36:33;37:19;43:6;44:2,29;45:3,17.

м ⲁ ⲁ ⲩ   nom f (197a). 40:10,30.

м ο ο ⲩ , pl. ^{1}м ο ⲩ ε ι ο ο ⲩ ε, ^{2}м ο ⲩ ε ι [н]   nom m (197b). 37:7,35^{2};38:20;39:4;
    40:5;43:5;46:2^{1}.

м ε ε ⲩ ε   vb (199a). 39:7.

м ο ο ⲱ ε   vb (203b). 43:1.

    --   ε ϩ ρ ⲁ ï   42:19.

    --   н̄ c ⲁ -   43:27.

    --   ϩ н̄ -   43:17.

[м ο ⲩ ϩ] , м ⲁ ϩ -   vb (208a).

    м ⲁ ϩ -   c.préfixe servant à former un nombre ordinal: 43:13;47:2.

н̄ - (м̄ -, assimilation), ^{1}н̄ н -, ^{2}м̄ м ο ⸗   préposition (215a). *passim.*

    н̄ н -   38:30^{1};39:22^{1};40:18^{1};41:8^{1};46:2^{1}.

    н̄ - (= ϩ н̄ -) 48:10.

    н̄ - (inf.) 36:31;37:20.

    ε ⲃ ο ⲗ н̄ -, м̄ м ο ⸗   38:4^{2};40:29.

н̄ -, н ⲁ ⸗   préposition (216a). *passim.*

н ⲁ   vb (216b). 47:33.

    c.nom m 47:3.

н̄ κ ο т κ̄   vb (224a). 39:33.

ⲛⲓⲙ pronom interrog. (225a). 42:4.

ⲛⲓⲙ particule postposée (225b). 36:8;37:27;39:22;44:19.

ⲟⲩⲟⲛ ⲛⲓⲙ 36:9;46:7.

ⲛⲟⲉⲓⲛ vb (226b).

-- (moy.) 45:30.

ⲛⲟⲩⲛ nom m (226b). 46:3;47:6.

ⲛ̄ⲥⲁ-, ^{1}ⲛⲥⲱ⸗ préposition (314a). 41:19^{1};42:12,32^{1};43:27;45:18^{1};48:4^{1},5^{1}.

ⲛ̄ⲧⲉ-, ^{1}ⲛ̄ⲧⲁ⸗ préposition (230a). 38:2;41:2;43:5*;44:19;45:12;46:2,10,11; 47:16;48:10.

ⲛ̄ⲧⲏⲧⲛ̄ 36:8^{1}.

ⲛ̄ⲧⲡⲉ ⲛ̄- v. ⲡⲉ.

ⲛⲟⲩⲧⲉ nom m (230b). 37:11;39:7;45:13.

ⲛ̄ⲧⲟϥ renforçateur (232b). 37:5.

ⲛⲁⲩ, impér. ^{1}ⲛⲁⲩ, ^{2}ⲁⲛⲁⲩ, ^{3}ⲉⲛⲁⲩ vb (233b).

-- ⲉ- 36:24,25;37:24^{3};38:7^{1};47:21,31.

-- ϫⲉ- 38:10,12;43:3^{2}.

ⲛⲁⲩ nom m (234b). 47:8.

[ⲛⲟⲩⲟⲩϩ], ⲛⲟⲩⲟⲩϩ-, ^{1}ⲛⲟⲟⲩϩ⸗ vb (Cerny 117).

-- (réfl.) 40:2,22^{1}.

ⲛⲁϣⲉ- vb (236a). 44:25.

ⲛⲓϥⲉ vb (238b).

-- (moy.) 37:10.

[ⲛⲟⲩϩⲙ̄], ⲛⲟⲩϩⲙ̄- vb (243b). 39:7.

ⲛⲉϩⲥⲉ vb (245b). 40:1.

ⲛⲟϭ, ^{1}ⲛⲁϭ nom m f (250a).

ⲛⲟϭ ⲛ̄-(attr.) 36:2^{1},3,15^{1},17,27;38:14,16;40:27;41:13;43:28; 45:4,8;48:14.

ⲙⲛ̄ⲧ-ⲛⲟϭ nom f 39:9.

ⲛ̄ϭⲓ- particule sujet (252a). 37:11,35;38:13;40:10,26;41:3*,15;42:20,23, 24;43:3,35;44:14,32;45:25,28,30,31;47:1.

-- emploi abusif. 36:18.

ON   adverbe (255b). 40:15.

ⲟⲉⲓⲱ   v. ⲧⲁϣⲟ

ⲡⲁ-, ^{1}ⲡⲉⲕ-, ^{2}ⲡⲉϥ-, ^{3}ⲡⲉⲥ-, ^{4}ⲡⲉⲛ-, ^{5}ⲡⲛ̄-, ^{6}ⲡⲟⲩ- article possessif
(258b). 36:16^1,17^5;37:28^2,34;38:9^3,20^2;40:14^3;42:5^2,10^6,14^6;43:2^6*,
5^2,12^2,26^1,27^4,28^2,31^6;44:25^2;45:11^2;46:25^6;47:21^2,24^2.

ⲧⲁ-, ^{1}ⲧⲉϥ-, ^{2}ⲧⲛ̄-, ^{3}ⲧⲟⲩ-   36:2^2*,3^2,9,15^2,27^2;38:7;39:9^2*;41:12
15^3,20^1;42:1^1;44:17^1,34^1;45:4^2;47:26^1;48:9^2,14^2.

ⲛⲁ-, ^{1}ⲛⲉϥ-, ^{2}ⲛⲉⲥ-, ^{3}ⲛⲉⲧⲛ̄-, ^{4}ⲛⲟⲩ-, ^{5}ⲛⲉⲩ-   36:18^4,19^4,26^3;
37:14,33^1;38:3^4;39:2^1,32^5;41:4^1,8^1;42:33^4;43:2^1;44:8^4,26^1;46:1^4;
48:3^4,8^2.

ⲡⲁⲓ, ^{1}ⲡⲁⲉⲓ; f ^{2}ⲧⲁⲓ ; pl ^{3}ⲛⲁⲓ   pronom démonstratif (259a). 37:10,13^3;
38:9;39:9^3;40:24;41:9;42:5,13,18^3,24^3,25^3;43:4^3,21^1;45:21;46:17^3;
47:11^2,33^2.

ⲡⲉ, ^{1}ⲧⲉ, ^{2}ⲛⲉ pronom copule (260b). 36:31^1,32;37:1,6,7,25;38:9,11;39:18;
40:25,27;42:4,5,7,13,15;43:4^2,5,8^1,8^2,21;45:21.

ⲡⲉ, pl ^{1}ⲡⲏⲟⲩⲉ nom f (259a). 41:8^1;42:31^1;45:10.
ⲛ̄-ⲧⲡⲉ ⲛ̄-   préposition 47:33.

ⲡⲉⲓ-, ^{1}ⲧⲉⲓ-, ^{2}ⲛⲉⲉⲓ- article démonstratif (259a). 36:13^2;39:1^1;40:25;
47:8.

ⲡⲓ-, ^{1}ⲧ-, ^{2}ⲛⲓ- article (259a). 37:7;39:6^1;40:6^2,7bis^2;43:3^2,6;47:12^1,13^1.

ⲡⲱ⁣ pronom possessif c.nom (260b).
ⲡⲱⲉⲓ   37:32.

ⲡⲱⲛⲉ vb (263b).
--   ϩⲛ̄-   39:11;45:16(moy.).

[ⲡⲱⲱⲣⲉ], ⲡⲉⲣⲉ- vb (268a).
ⲡⲉⲣⲉ-ⲣⲁⲥⲟⲩ vb comp 40:1.

ⲣⲏ nom m (287b). 42:15;46:5.

ⲣⲱⲕⲍ̄, ^{1}ⲣⲟⲕϩ⁣, ^{2}ⲣⲁⲕϩ⁣ vb (293a). 36:6^1;40:12,15,18,22;46:30^2,31.

ⲣⲱⲙⲉ nom m (294b). 37:26;39:3;40:26;43:9;44:17;45:2,17.

ⲣⲟⲙⲡⲉ nom f (296b). 36:12;38:28;43:20;46:28.

ⲣⲁⲛ nom m (297b). 36:16.

ⲢⲢⲞ   nom m (299a).

        Ⲣ-ⲢⲢⲞ   vb comp 45:8.

        ⲘⲚⲦ-ⲢⲢⲞ   nom f 45:26.

ⲢⲀⲤⲞⲨ   nom f (302b).

        ⲡⲉⲣⲉ-ⲣⲀⲤⲞⲨ   vb comp 40:1.

ⲢⲀⲦ⸗   nom m (302b). 40:9.

        v. ⲱ₂ⲉ.

ⲤⲀ   nom m (313a).

        --   Ⲛ-₂ⲰⲦⲚ 44:14.

        v. ⲚⲤⲀ- et ⲘⲚⲚⲤⲀ-.

ⲤⲀ   vb (315a).

        ⲘⲚⲦ-ⲤⲀⲉⲓⲉ   nom f 47:16.

Ⲥⲉⲓ   vb (316b).

        -- ⲉⲂⲞⲗ ₂Ⲛ- 44:7.

ⲤⲰ   vb (318a).

        -- ⲉⲂⲞⲗ Ⲛ- 40:29.

ⲤⲂⲰ   nom m (319b). 44:19.

        †-ⲤⲂⲰ   vb comp 44:16.

ⲤⲂ̄Ⲃⲉ   vb (321b).

        c.nom m 45:19.

        ⲘⲚⲦ-ⲀⲦ-ⲤⲂ̄Ⲃⲉ   nom f 45:21.

ⲤⲞⲂⲦⲉ, [1]ⲤⲂ̄ⲦⲰⲦ⸗, [2]ⲤⲂ̄ⲦⲀⲦ†   vb (323a). 36:26;47:17[2].

        -- (réfl.) 41:30[1];43:9[1].

ⲤⲰⲔ   vb (325a).

        -- ⲉⲡⲓⲦⲚ 46:14.

[ⲤⲘⲓⲛⲉ], ⲤⲘⲚⲦ⸗   vb (337a). 45:26.

[ⲤⲰⲚⲦ], ⲤⲞⲚⲦ†   vb (346a).

        -- ⲉⲂⲞⲗ ₂ⲎⲦ⸗ 45:5.

ⲤⲚⲀⲨ, [1]ⲤⲚⲞⲞⲨⲤ, f [2]ⲤⲚⲦⲉ   nom (346b). 41:6[1];43:14;47:2[2]*.

[ⲤⲀⲀⲛⲱ̄], ⲤⲀⲛⲉⲱ   vb (347b). 39:12.

ⲤⲀⲦⲉ   nom f (360a). 40:10.

ⲥⲱⲧⲙ̄ vb (363b).

    -- ⲛ̄-(dat.) 38:29.

ⲥⲓⲟⲩ nom m (368a). 46:4.

ⲥⲟⲟⲩⲛ, ¹ⲥⲟⲩⲱⲛ, ²ⲥⲟⲩⲱⲛ-, ³ⲥⲟⲩⲱⲛ⸗ vb (369b). 36:3²,27²,30²;40:27,28³;
    41:19³;45:3¹;46:7³;47:14³.

[ⲥⲱⲟⲩⲥ], ⲥⲉⲩⲥ-, ¹ⲥⲟⲟⲩⲥ⸗ vb (372b). 36:14.
    -- ₂ⲛ̄- 36:22¹.

ⲥⲗⲱϥ nom m (378a). 36:11.

      ϣⲃⲉ nom m f 41:6.

ⲥϩⲁⲓ, ¹ⲥϩⲁⲉⲓ vb (381b). 36:16¹.
    c.nom m 36:15;37:15.

ⲥⲁϩⲛⲉ vb (385b).

    ⲟⲩⲁϩ-ⲥⲁϩⲛⲉ nom m 42:8.

†, ¹†-, ²ⲧⲁⲁ⸗ vb (392a). 37:25²;45:13²;46:25².
    -- ⲉ- 37:16².
    -- ⲉⲃⲟⲗ 40:4.
    -- ⲉⲧⲟⲟⲧ⸗ 41:16²,28².
    -- ⲛ̄-(obj.), ϩⲓⲱⲱ⸗ 44:23.
    -- ⲛ̄-(dat.) 37:29.
    vb comp en †-: †-ⲉⲟⲟⲩ 47:18; †-ⲥⲃⲱ 44:16; †-ϣⲓⲛⲉ 41:9;
    †-ⲛⲟⲙⲟⲥ 48:11.

ⲧⲃ̄ⲃⲟ, ¹ⲧⲟⲩⲃⲟ, ²ⲧⲟⲩⲃⲁ⸗ vb (399b). 36:20².
    -- (moy.) 36:7;46:24.
    c.nom m 47:30¹.

ⲧⲁⲕⲟ, ¹ⲧⲁⲕⲟ⸗ vb (405a). 40:16¹(réfl.);43:25.

ⲧⲁⲗⲟ vb (408a).
    -- (moy.) 44:28.

ⲧⲱⲗⲙ̄ vb (410b).
    c.nom m 39:29.

ⲧⲱⲙ vb (412b). 46:21.

ⲧⲁⲙⲓⲟ vb (413a). 38:29.

[ⲧⲱⲛ], ⲧⲟ   adverbe interrog. (417b). 37:25.

[ⲧⲱⲣⲉ]   nom f (425a). v. ⲉⲧⲛ̅- et ⲉⲧⲟⲟⲧⳋ.

[ⲧⲉⲛⲟⲩ], ϯⲛⲟⲩ   adverbe (485a). 39:16.

ⲧⲛ̅ⲛⲟⲟⲩ   vb (419b). 45:1.

[ⲧⲟⲡ], ⲧⲁⲡ   nom m (422a). 43:23.

ϯⲡⲉ   nom f (423a).
        ϫ ⲓ-ϯⲡⲉ   vb comp 40:3.

ⲧⲏⲣⳋ   renforçateur (424a). 36:14;37:13,29;38:2;39:4;40:13;41:5;45:10,31;
        46:22,30;47:12,14,23,25,34.
        c.nom m 40:20.

ⲧⲣⲉ-, ⲧⲣⲉⳋ, ⲧⲉⳋ   auxiliaire verbal, infinitif causatif (430a).
        ⲧⲣⲉ-   39:3.
        ⲧⲣⲉϥ-   41:31;42:3.
        ⲧⲉϥ-   46:21.
        ⲧⲣⲉⲩ-   36:13;46:26.

ⲧⲟⲟⲧⳋ   nom suff. (425b).
        ₐ ⲟⲩ-ⲧⲟⲟⲧⳋ ⲉ-   44:21.

ⲧⲏⲟⲩ   nom m (439b). 46:20.

ⲧⲟⲟⲩ   nom m (440b). 43:34.

[ⲧⲱⲟⲩⲛ], ⲧⲱⲱⲛ   vb (445a).
        --   (moy.) 44:14.
        --   ⲉₐⲣⲁ ⲓ̈ ⲉ ϫ ⲱⳋ   41:14.

[ⲧⲟⲩⲛⲟⲥ], ⲧⲟⲩⲛⲟⲥ-   vb (446b). 41:10.

[ⲧⲁϣⲟ], ⲧⲁϣⲉ-   vb (452b).
        ⲧⲁϣⲉ-ⲟⲉ ⲓ ϣ   vb comp 38:26;40:31;43:13,19;45:23.
        ⲡ-ⲧⲁϣⲉ-ⲟⲉ ⲓ ϣ   c.nom m 43:12,28.

[ⲧⲱₐ], ⲧⲏₐ†   vb (453b).
        --   ⲙⲛ̅-   39:18.

[ⲧⲁₐⲟ], ⲧⲉₐⲟⳋ, ⲧⲉₐⲁⳋ   vb (455a).
        ⲁⲧ-ⲧⲉₐⲟⳋ   47:20.
        ⲁⲧ-ⲧⲉₐⲁⳋ   37:8.

ⲟⲩ   pronom interrog. (467b). 37:2*;42:5.

ⲟⲩⲁ   pronom indéf. (469a).
     ⲟⲩⲁ-ⲉⲃⲟⲗ ₂ⲛ̄- 41:18.
     ⲙⲛ̄ⲧ-ⲟⲩⲁ nom f 47:19.

ⲟⲩⲁⲁⳍ   renforçateur (470a). 40:16,23;41:25;46:33.

ⲟⲩⲱⲙ   vb (478a). 40:3
     -- ⲉⲃⲟⲗ ₂ⲛ̄- 44:7.

ⲟⲩⲟⲉⲓⲛ, ¹ⲟⲩⲁⲉⲓⲛ   nom m (480a). 36:17;37:14¹,34;46:8;47:10,24.
     ⲣ̄-ⲟⲩⲟⲉⲓⲛ vb comp 47:25.

ⲟⲩⲛ̄-, nég. ¹ⲙ̄ⲙⲛ̄-, ²ⲙⲛ̄-   expression prédicative (481a).
     Devant un sujet indéfini, dans une phrase bipartite:
     36:5¹,23¹;37:18¹,20¹;42:31;46:9²,13²,17¹.

ⲟⲩⲟⲛ   pronom (482a).
     -- ⲛⲓⲙ 36:9;46:7.

ⲟⲩⲱⲛ   vb (482b).
     -- (moy.) 46:4.
     -- ⲉ- 41:7.

ⲟⲩⲉⲓⲛⲉ   vb (483b). 43:3.

[ⲟⲩⲛ̄ⲧⲉ-], ⲟⲩⲛ̄ⲧⲁⳍ, nég. [ⲙⲛ̄ⲧⲉ-], ¹ⲙⲛ̄ⲧⲁⳍ, ²ⲙⲛ̄ⲧⲉⳍ   vb suff. (481a).
     37:8²,9²,21,28;40:9¹;46:16.

ⲟⲩⲱⲛ₂̄, ¹ⲟⲩⲟⲛ₂ⳍ, ²ⲟⲩⲟⲛ₂̄†   vb (486a).
     -- ⲉⲃⲟⲗ 42:3¹.
     -- (réfl.) ⲉⲃⲟⲗ 42:27¹.
     -- (moy.) ⲉⲃⲟⲗ 42:18,20;44:27;47:9.
     -- (moy.) ⲉⲃⲟⲗ ⲛ̄₂ⲏⲧⳍ 36:10;37:15²;44:3.

[ⲟⲩⲟⲡ], ⲟⲩⲁⲁⲃ†, ¹ⲟⲩⲁⲁⲃⲉ†   vb (487b). 46:13,17;47:10¹.
     ⲛⲉⲧ-ⲟⲩⲁⲁⲃ nom m 47:31.
     ₂ⲛ̄-ⲟⲩ-ⲡⲉⲧⲟⲩⲁⲁⲃ expression adv. 37:23.

ⲟⲩⲱⲧ   nom m f (494a).
     ⲛ̄-ⲟⲩⲱⲧ attr 39:15;47:19.

ⲟⲩⲱⲧⲃ̄   vb (496a).
     -- (moy.) ⲉ₂ⲣⲁⲓ̈ 44:28.

ⲟⲩⲱⲧⲍ̄   vb (498b).

    --   (moy.) ⲉⲃⲟⲗ   42:22;43:7.

ⲟⲩⲟⲉⲓⲱ, [1]ⲟⲩⲗⲉⲓⲱ   nom m (499a). 43:16[1];44:32.

ⲟⲩⲱⲱ, [1]ⲟⲩⲱⲱⲉ   vb (500a). 43:32[1].

    --   ⲉ- (inf.) 41:16[1];43:26[1];44:18,21[1],27[1].

    c.nom m   39:33[1];40:7[1];43:2[1];47:21[1].

ⲟⲩⲱⲱ   nom m (501b).

      ⲟⲩⲉⲱ ⲛ̄-   37:19.

      ⲛ̄-ⲟⲩⲉⲱ ⲛ̄-ⲃⲝ̄ⲗⲗⲁ⸗   37:21.

ⲟⲩⲱⲍ, [1]ⲟⲩⲗⲍ⸗, [2]ⲟⲩⲏⲍ[†]   vb (505b).

    --   ⲛ̄ⲥⲁ-, ⲛⲥⲱ⸗   41:19[2];42:32(moy.);45:18[1](réfl.).

ⲟⲩⲗⲍⲥⲁⲍⲛⲉ   v. ⲥⲁⲍⲛⲉ.

ⲟⲩⲭⲁⲓ̈, [1]ⲟⲩⲭⲁⲉⲓ   vb (511b). 36:11;39:1[1].

ⲱⲛⲍ̄, [1]ⲁⲛⲍ̄[†]   vb (525a). 36:30[1];37:20.

    c.nom m   37:28;40:5;42:8;43:33.

    ⲭⲓ-ⲱⲛⲍ̄   vb comp 37:26.

ⲱⲡ, [1]ⲟⲡ⸗   vb (526a). 38:15;46:27[1].

ⲱⲍⲉ, [1]ⲗⲍⲟ   vb (536b).

    --   ⲉⲣⲁⲧ⸗   37:18.

    ⲱⲍⲉⲣⲁⲧ⸗   vb contracte 39:15.

    ⲗⲍⲉⲣⲁⲧ⸗   vb contracte 43:10[1].

ⲱⲭⲛ̄, [1]ⲟⲭⲛ⸗   vb (539a).

    --   (réfl.) 36:21[1];40:23[1].

    --   (moy.) 40:14;43:16,18;45:34;46:3,5,32;47:7.

ⲱ-, [1]ⲉⲱ-   auxiliaire verbal (541a). 37:33[1].

    ⲛⲁ-ⲱ   36:6.

    ⲱ-ⲃⲛ̄-ⲃⲟⲙ ⲉ- (inf.) 42:10.

    ⲱ-ⲃⲛ̄-ⲃⲟⲙ ⲛ̄ⲧⲉ- (inf.) 46:18.

ⲱⲗ-   préposition (541b). 36:12;44:1,12;45:2.

ⲱⲉ   nom m (546a). 38:30.

ⲱⲉ   nom nombre cardinal (546b). 36:12;38:27;43:19;46:28.

[ϣι], ϣιⲧ⸗   vb (547b).

    ⲁⲧ-ϣιⲧ⸗   nom 37:7;47:12.

ϣⲃⲉ   v. ⲥⲁϣⲟ̄ⲧ.

ϣιⲃⲉ   vb (551a). 44:31.

    c.nom m 42:15.

ϣⲕⲁⲕ   nom m (556a).

    ϫι-ϣⲕⲁⲕ ⲉⲃⲟⲗ   vb comp 47:32.

ϣⲏⲙ   nom (563a).

    ϣⲏⲣⲉ ϣⲏⲙ   nom m 44:33.

[ϣⲙⲟⲩⲛ], f ϣⲙⲟⲩⲛⲉ   nom (566b). 46:28.

ϣιⲛⲉ   vb (569a).

    -- ϫⲉ- 37:3.

ϣⲱⲛⲉ   vb (570b).

    c.nom m 39:30.

ϣιⲛⲉ   vb (576b).

    †-ϣιⲛⲉ   vb comp 41:9.

    ϫι-ϣιⲛⲉ   vb comp 43:30.

ϣⲱⲡⲉ, [1]ϣⲟⲟⲡ†   vb (577b).

    -- (événements) *arriver, se produire* 38:33;39:3,6;41:14.

    -- (qqn) *venir à l'existence, exister* 36:29,30;37:5;38:5;
40:13[1],25;42:12;47:8,15,29;48:12.

    -- (qqch) *devenir réalité, exister* 38:1,4,10,12,13;48:2[1].

    -- ⲛ̄- *devenir, être* 36:4;37:2,4;38:8;40:17;42:23,28;43:10.

    -- (+ proposition circ.) *devenir, être* 42:29;46:12,23.

    ⲙⲁ ⲛ̄-ϣⲱⲡⲉ   attr 35:26.

ϣⲡⲏⲣⲉ   nom m f (581a). 45:15.

ϣⲏⲣⲉ   nom m (584a). 39:2;47:7.

    -- ϣⲏⲙ 44:33.

ϣⲟⲣⲡ̄   nom m (586b). 43:14.

    ⲡ-ϣⲟⲣⲡ̄ ⲛ̄- 41:2;43:15,17.

    ϣⲟⲣⲡ̄   adv 43:11.

    ⲛ̄-ϣⲟⲣⲡ̄   adv 39:20;44:4;45:23.

ϣⲟⲣⲱϥ   vb (589a).

      --   (moy.)   43:33.

ϣⲱⲥ   nom m (589b). 39:25.

ϣⲧⲟⲣⲧϥ   vb (597b).

      --   (moy.)   42:17;44:6.
      c.nom m   41:13.

ϣⲟⲟⲩⲉ   vb (601b). 45:32.

[ϣⲟⲩⲟ], ϣⲟⲩⲉ-   vb (602a).

      ϣⲟⲩⲉ-ⲉⲓⲱⲧⲉ   vb comp 45:33.

ϣⲁϫⲉ   vb (612b).

      --   ⲙⲛ̄- (qqn) ⲉ- (qqch)   42:25.
      --   ϩⲛ̄-   40:30;41:1,5.
      c.nom m   41:4,8;43:2.

ϣⲟϫⲛⲉ   vb (615b).

      c.nom m   39:27.

ϣⲱϫⲡ̄   vb (616b).

      c.nom m   38:1.

ϥⲓ   vb (620a). 45:7.

      --   ϩⲁ-   37:9,34.

ϥⲱⲧⲉ   vb (624a).

      --   ⲉⲃⲟⲗ   36:7;46:22.

[ϥⲧⲟⲟⲩ], -ⲁϥⲧⲉ   nom nombre cardinal (625a).
      ⲙⲛ̄ⲧ-ⲁϥⲧⲉ   46:27.

ϩⲁ-   préposition (632a).   37:9,34;45:10.

[ϩⲁ-], ϩⲁⲣⲟ⸗   préposition (634b).   45:24.

[ϩⲁⲉ], ϩⲁⲏ   nom f (635a).   37:9;44:12;45:11.

[ϩⲉ], ϩⲁⲉⲓⲉ   vb (637a).
      c.nom m   36:14.

ϩⲉ   nom f (638b).

      ⲛ̄-ⲧⲉⲓ-ϩⲉ   39:1.
      ⲛ̄-ⲧ̄-ϩⲉ   39:6.

Ⲛ-ⲑⲉ Ⲛ- (inf.) 41:1.

Ⲛ-ⲗⲱ Ⲛ-ⲍⲉ 37:2,5.

ⲗⲱ Ⲛ-ⲍⲉ 37:3*.

ⲗⲱ ⲧⲉ ⲑⲉ 36:31;43:9.

[ⲍ ⲏ], ⲍ ⲏ ⲧ⸗ nom f (642b).

6ⲟⲛⲧ† ⲉⲃⲟⲗ ⲍ ⲏ ⲧ⸗ 45:5.

ⲍ ⲓ-, ¹ⲍ ⲓⲱⲱ⸗ préposition (643b). 39:26;44:23¹.

v.aussi ⲍ ⲓ ⲧ Ⲛ ⸗

ⲍ ⲱ ⲱ ⸗ renforçateur (651b). 39:17;48:12.

ⲍ ⲱ ⲃ pl ¹ⲍ ⲃ ⲏ ⲩ ⲉ nom m (653a). 36:19¹;38:10;39:14;40:30;42:10.

Ⲣ-ⲍ ⲱ ⲃ vb comp 44:16.

[ⲍ ⲁ ⲗ ⲏ ⲧ], pl ⲍ ⲁ ⲗ ⲁ ⲧ ⲉ nom m (671b). 44:6.

ⲍ Ⲛ- (ⲍ Ⲙ-, assimilation), ¹Ⲛ ⲍ ⲏ ⲧ⸗ préposition (683a). 36:17,22,24¹,27;
    37:10,11¹,13¹,22¹,28¹,33;38:14,16;39:11,13,19;40:6,13,24,31;41:1*,
    5¹,6,8;42:33;43:18¹;45:16¹,20;47:15,18,19,22¹,24,26,30;48:1,13.

    -- ⲉ ⲃ ⲟ ⲗ ⲍ Ⲛ- 36:10¹;37:15¹,27¹;41:18;42:7;44:4¹,8,15.

    -- ⲍ ⲣ ⲁ ï ⲍ Ⲛ- 36:17.

    ⲍ Ⲛ-ⲟ ⲩ-ⲡ ⲉ ⲧ ⲟ ⲩ ⲁ ⲁ ⲃ 37:23.

ⲍ ⲟ ⲩ ⲛ nom (685b).

    ⲉ-ⲍ ⲟ ⲩ ⲛ 44:22;45:19.

    ⲉ-ⲍ ⲟ ⲩ ⲛ ⲉ-, ⲉ ⲣ ⲟ⸗ 38:18,32;39:4;44:17;46:8.

[ⲍ ⲱ ⲛ], ⲍ ⲛ ⲁ ⲛ vb (687a). 44:30.

ⲍ ⲁ ⲡ nom m (693b). 38:21;39:13,31;41:25;47:17.

    †-ⲍ ⲁ ⲡ vb comp 45:20.

ⲍ ⲣ ⲁ ï nom (698a).

    ⲍ ⲣ ⲁ ï ⲍ Ⲛ- 36:16.

    ⲉ-ⲍ ⲣ ⲁ ï 39:32;42:19;43:1,35;45:34.

    ⲉ-ⲍ ⲣ ⲁ ï ⲉ-, ⲉ ⲣ ⲟ⸗ 41:24;42:30;44:28;46:1.

    ⲉ-ⲍ ⲣ ⲁ ï ⲉ ⲧ ⲟ ⲟ ⲧ⸗ 41:27.

    ⲉ-ⲍ ⲣ ⲁ ï ⲉ ⲭ Ⲛ- 41:14;43:30.

ⲍ ⲣ ⲉ nom f (701a). 40:4.

ⲍ ⲣ ⲧ ⲉ nom f (704b). 37:13.

[ⲍⲁⲧⲉ], ⲍⲉⳁ   vb (719a).

    --   (moy.) 45:35.

ⲍⲓⲧⲛ̅- (ⲍⲓⲧⲏ̅-, assimilation), [1]ⲍⲓⲧⲟⲟⲧ⳽ préposition (428b).   43:16;46:15[1];
    47:4,10.

    ⲉⲃⲟⲗ ⲍⲓⲧⲛ̅-   46:32[1];47:4*.

ⲍⲱⲧⲡ̅   vb (724b).

    --   (moy.) 42:16.

    ⲛ̅-ⲍⲱⲧⲡ̅   attr 43:24;44:1,15.

ⲍⲧⲟⲣ   nom m (726b). 36:13.

ⲍⲟⲟⲩ   nom m (730a). 36:11;37:27;38:16;42:16bis.

    ⲣ̅-ⲍⲟⲟⲩ   vb comp 45:29(?).

[...], ⲍⲟⲟⲩⳇ   vb (731a). 39:27;40:6,8.

[ⲍⲓⲟⲩⲉ], ⲍⲟⲩ-   vb (732b).

    ⲍⲟⲩ-ⲧⲟⲟⲧ⳽ ⲉ-   44:21.

ⲍⲁⲍ   nom m f (741b).

    ⲍⲁⲧ ⲛ̅-   39:22;42:31;45:22.

ⲍⲓⲭⲛ̅-   préposition (758b).   41:10,17,28,33;45:11.

ⲭⲁⲉⲓⲉ   nom m (745b).

    ⲛ̅-ⲭⲁⲉⲓⲉ   attr 43:24.

    ⲣ̅-ⲭⲁⲉⲓⲉ   vb comp 44:10.

ⲭⲉ-   conjonction (746b).

    (a) complétif, après: ⲙ̅ⲙⲉ, ⲛⲁⲩ, ⲥⲱⲛⲧ̅, ⲥⲟⲩⲱⲛ, ⲱⲕⲁⲕ, ⲣ̅-ⲛⲟⲃⲓ
    36:28,31;37:1,3,6,7,25;38:10,11;42:13;43:3,4,7,8;45:6;47:32.

    (b) après: ⲭⲱ ⲙ̅ⲙⲟⲥ   42:4.

    (c) causal: 36:8;37:17;39:2,20;42:28,30;44:2;45:12.

    (d) final (+ Futur II): 37:26.

    ⲉⲃⲟⲗ ⲭⲉ-   38:13;44:25;45:29;48:5*.

    ⲍⲟⲧⲓ ⲭⲉ-   47:34.

    ⲍⲓⲛⲁ ⲭⲉ-   (+ Futur II) 36:16,29.

ⲭⲓ, [1]ⲭⲉⲓ, [2]ⲭⲓ-, [3]ⲭⲉ-, [4]ⲭⲓⲧ⳽   vb (747b).   37:31[3];40:28[1](moy.);41:20,33[4].
    vb comp en ⲭⲓ-: ⲭⲓ-ⳁⲡⲉ 40:3[2]; ⲭⲓ-ⲱⲛⲍ̅ 37:26[2]; ⲭⲓ-ⲱⲓⲛⲉ 43:30[2].

    ⲭⲓ ⲛ̅-ϭⲟⲛⲧ̅   nom m 39:31;48:2*.

ϫⲱ, [1]ϫ ⲓ -   vb (754a). 41:4.

     --   ⲙⲙⲟⲥ ϫⲉ-   42:4.

     ϫ ⲓ -ⲱⲕⲁ ⲕ ⲉⲃⲟⲗ   vb comp 47:32[1].

ϫⲱⲕ, [1]ϫⲟⲕ⸗   vb (761a).

     --   (moy.) 44:11.

     --   ⲉⲃⲟⲗ 36:18[1];45:25;46:33(moy.).

ϫⲉⲕⲁⲁⲥ   conjonction (764a).

     --   (+ Futur II) 36:20.

ϫ ⲓ ⲛ -   préposition (772b). 36:11;47:8.

ϫ ⲓ ⲛ   nom m (773b).

       ϭ ⲛ -ϫ ⲓ ⲛ   vb comp 39:21.

ϫⲛⲟ, [1]ϫⲛⲉ-   vb (778b). 39:19,21[1].

     c.nom m 42:34.

ϫⲉⲣⲟ   vb (781b).

     --   (moy.) 43:30.

[ϫⲱⲱⲣⲉ], ϫⲟⲣ⸗   vb (782a).

     --   ⲉⲃⲟⲗ 36:21.

ϫⲣⲟ   vb (783a). 42:8.

ϫⲟⲉ ⲓ ⲥ   nom m (787b).

       ⲣ̄-ϫⲟⲉ ⲓ ⲥ   vb comp 42:11.

       ⲙⲛ̄ⲧ-ϫⲟⲉ ⲓ ⲥ   nom f 41:12.

ϫ ⲓ ⲥⲉ, [1]ϫⲟⲥⲉ†   vb (788b). 37:12[1];43:22[1];44:12(moy.);47:11[1].

[ϫⲟⲟⲩ], ϫⲟⲟⲩ-   vb (793a). 45:22.

[ϫⲟⲩⲱⲧ], f ϫⲟⲩⲱⲧⲉ   nom (794b).

     --   ⲛ̄- 36:12;38:27;43:19.

ϫⲱϩ   vb (797a).

     --   ⲉ- 46:18.

ϫⲱϩⲙ̄, [1]ϫⲁϩ ⲙ⸗   vb (797b). 38:17[1](réfl.?);39:19.

     c.nom m 39:20;44:25.

ϭⲉ   particule de coordination (802a). 39:2*.

ϭολ, [1]ϭλλ   nom m (806a).   39:26[1];44:20.

ϭⲱλⳕ   v.   ⲕⲱλⳕ.

ϭⲟⲙ, [1]ϭⲁⲙ   nom f (815b).   38:5,6,7;39:8,15[1];42:7;45:31[1];47:2[1],11,12,33,34;
        48:14.
        ⲛⲟϭ ⲛ̄-ϭⲟⲙ   36:2[1],4,15[1],27;40:27;45:4.
        ⲙ̄ⲙⲛ̄-ϭⲟⲙ   37:18,20.
        ⲙ̄ⲙⲛ̄-ϣ-ϭⲟⲙ   46:18
        ϭⲛ̄-ϭⲟⲙ   vb comp   40:10[1];44:24.
        ϣ-ϭⲛ̄-ϭⲟⲙ   vb comp   42:10.

ϭⲟⲛ   nom m (819b).   38:3.

ϭⲓⲛⲉ, [1]ϭⲛ̄-, [2]ϭⲙ̄-, [3]ϭⲛ̄ⲧ⸗   vb (820a).   38:22[1];38:31[3];46:31.
        ϭⲓⲛⲉ ⲉ- (inf.)   40:15,21[1];42:2.
        ϭⲛ̄-ⲭⲓⲛ   vb comp   39:21.
        ϭⲙ̄-ϭⲟⲙ   vb comp   40:10[2];44:24[2].
        ϣ-ϭⲙ̄-ϭⲟⲙ   vb comp   42:10.

ϭⲟⲛⳁ   nom (822a).
        ⲭⲓ ⲛ̄-ϭⲟⲛⳁ   nom m   39:31;48:2*.

INDEX

DES MOTS D'ORIGINE GRECQUE

ἄγγελος   nom m   37:11;38:25;39:8.

ἀήρ   nom m   37:10.

αἵρεσις.   ⲙⲛⲧ₂ⲉⲣⲉⲥⲓⲥ   nom f   40:8.

αἴσθησις.   ⲉⲥⲑⲏⲥⲓⲥ   nom f   36:1.

αἰσχρός.   ⲙⲛⲧⲉⲥⲭⲣⲟⲥ   nom f   39:29.

αἰών.   [1]ⲗⲉⲓⲱⲛ   nom m   36:33;37:20;38:2,13;39:12,17;40:24,32;41:2;42:6,
        15,21[1],23;43:3,6,7,11,13,15,17;47:15,17;48:13.
        ⲛ̄-ⲗⲓⲱⲛ   attr   43:11.

ἀκμή   nom f   44:34.

ἀλλά   particule de coordination 42:4;48:7.

ἀμέτρητος.   ⲛ̄-ⲗⲙⲉⲧⲣⲏⲧⲟⲛ   attr   46:9.

ἀναπαύειν.   ⲗⲛⲗⲡⲗⲩⲉ   vb   42:30.

ἀνάπαυσις   nom f   47:26.

ἀνατολή   nom f   43:25;44:2,15.

ἀναχωρεῖν.   ⲣ̄-ⲗⲛⲗⲭⲱⲣⲉⲓ   vb   46:6.

ἀνόμοιον.   ⲗⲛ₂ⲟⲙⲟⲓⲟⲛ   nom m   40:7.

ἀντίμιμος.   ⲗⲛⲧⲓⲙⲉⲓⲙⲟⲛ   nom m   45:2.

ἀόρατος.   ⲛ̄-ⲗ₂ⲟⲣⲗⲧⲟⲛ   attr   36:4.

ἀριθμός   nom m   43:21.

ἀρχαῖον nom m 44:21.

ἀρχή nom f 37:8.

ἄρχων nom m 41:15;42:3,9,11;43:29,35;44:1,14;45:1;48:8bis,11.

ἀσώματος. ⲛ̄-ⲁⲥⲱⲙⲁⲧⲟⲛ attr 40:17.

ἄτροπος. ⲛ̄-ⲁⲧⲣⲟⲡⲟⲥ attr 48:13.

γάρ particule de coordination 38:17,21;40:21;44:21.

γένεσις nom f 48:10.

δαιμόνιον nom m 42:17.

διάβολος. ⲙⲛ̄ⲧⲇⲓⲁⲃⲟⲗⲟⲥ nom f 39:25.

διακονία nom f 37:16.

διαμονή nom f 39:13.

διάνοια nom f 36:1.

διαταγή nom f 44:31.

εἰκών. ϩⲓⲕⲱⲛ nom f 38:8.
ⲛ̄-ϩⲓⲕⲱⲛ attr 47:23.

εἶτα adv 46:19.

ἐλέγχειν. ⲣ̄-ⲉⲗⲉⲅⲭⲉ vb 41:32.

ἔνδυμα nom m 44:26;46:16.

ἐνέργεια nom f 39:22bis.

ἐνεργεῖν. ⲣ̄-ⲉⲛⲉⲣⲅⲉⲓ vb 42:33.

ἐπιθυμεῖν. ⲣ̄-ⲉⲡⲓⲑⲩⲙⲉⲓ vb 38:7.

ἐπιθυμία nom f 40:6.

ἐπίνοια nom f 36:18.

ἔτι adv 39:33.

εὐσέβεια nom f 38:26.

εὐσεβής. ⲛ̄-ⲉⲩⲥⲉⲃⲏⲥ attr 38:22.

ἕως. ϩⲉⲱⲥ conjonction 44:32.

ἤ   particule de coordination   36:33;37:1.

ἡδονή.   ⲍ ⲎⲀⲞⲚⲎ   nom f   39:28.

θάλασσα.   ⲍ ⲀⲖⲖⲀⲤⲤⲀ   nom f   45:31.

θρόνος   nom m   45:11.

ἵνα.   ⲍ ⲓ ⲚⲀ   conjonction   36:15,29.

καθαρίζειν.   ϥ-ⲕⲁⲑⲁ ⲣ ⲓ ⳉ ⲉ   vb   40:19.

καθαρισμός   nom f   45:28.

καθολικός.   ⲕⲁⲑⲟⲗ ⲓ ⲕⲎ   nom f   47:13.

καὶ γάρ   particule de coordination   45:22.

καιρός   nom m   44:30.

κακία.   ⲕ ⲁ ⲉ ⲓ ⲁ   nom f   40:20;44:11,17,22;45:30.

κατά   préposition   39:32;43:2;48:9.

κατακλυσμός   nom m   38:32;39:5.

κῆρυξ   nom m   45:23.

κιβωτός.   ⲉ ⲓ ⲃⲱⲧⲟⲥ   nom m   38:30;39:3.

κολάζειν.   ϥ-ⲕⲟⲗⲁ ⳉ ⲉ   vb   46:23;47:27.

κόσμος   nom m   45:13.

κτίσις   nom f   37:17;38:2,16;39:20;48:7,10.

λαός   nom m   45:22.

λόγος   nom m   40:4;42:5,7;43:28;44:3,13,19.

λύπη   nom f   39:27.

μακάριος.   ⲏ-ⲙⲁⲕⲁ ⲣ ⲓⲟⲥ   attr   42:24,28.

μορφή   nom f   36:9.

νοεῖν.   ϥ-ⲚⲞⲉ ⲓ, imp. [1]ⲀⲢ ⲓ-ⲚⲞⲉ ⲓ   36:31;37:6[1],22;39:6;42:25,29.

νόημα   nom f   36:2;48:14.

νόμος   nom m   42:6;48:11.

οἰκουμένη   nom f   44:9.

ὀργή. Ν̄-ΟΡΓΗ attr 39:23.

ὅταν. ϩΟΤΑΝ conjonction 38:17,21;40:21;45:24;46:29.

ὅτι. ϩΟΤΙ conjonction 47:34.

οὐδέ particule de coordination 48:6.

οὔτε particule de coordination 37:19;46:11.

παραβολή nom f 40:31.

παραδιδόναι. Ρ̄-ΠΑΡΑΔΙΔΟΥ vb 41:21,26.

πενθεῖν. Ρ̄-ΠΕΝΘΕΙ vb 44:9.

πηγή nom f 45:34;46:1,2.

πιστεύειν. ΠΙΣΤΕΥΕ vb 48:6.

πλανᾶν. Ρ̄-ΠΛΑΝΑ vb 45:16.

πνεῦμα nom m 37:24,35.

πόλεμος nom m 39:26.

πόλις nom f 43:33;44:5.

πράσσειν. Ρ̄-ΠΡΑΣΣΑ vb 48:9.

πύλη nom f 41:7.

πῶς adverbe interrog. 36:28.

σάρξ. ΣΑΡΑϪ nom f 37:17;38:14,18,19,24;39:14;41:2;42:1;46:10;48:10.

σεμνός. ΜΝ̄ΤΣΕΜΝΟΣ nom f 44:23.

σημεῖον nom m 42:13,21;45:7,8,14.

σκεπάζειν. Ρ̄-ΣΚΕΠΑΖΕ vb 46:15.

σοφία nom f 44:20;47:4,18.

Ν̄-ΣΟΦΙΑ attr 44:19.

σπέρμα nom m 43:26.

στερέωμα nom m 45:32.

Ν̄-ΣΤΕΡΕΩΜΑ 47:5.

στιγμή   nom f   46:20.

σῶμα   nom m   38:14;39:18.

    ⲛ̄-ⲁⲧ-ⲥⲱⲙⲁ   attr   40:18.

τέλειος.   ⲛ̄-ⲧⲉⲗⲉⲓⲟⲥ   attr   43:22.

τέλος   nom m   44:13.

τόπος   nom m   36:23;42:33;44:2,29.

τότε   adverbe   37:23,29;39:16;40:24;41:13,18,32;42:31;43:25,29;44:4,6,10,
    11,13,26,29,31;45:1,15,17,27;46:3,21,25,32,33;47:5,6,9.

τρόπος   nom m   39:10;42:1.

τρυφή   nom f   39:10;46:11.

τύπος   nom m   38:9.

ὕλη.   ⲍⲩⲗⲏ   nom f   40:18;47:7.

ὑποτάσσειν.   ϥ̄-ⲍⲩⲡⲟⲧⲁⲥⲥⲉ   vb   38:24.

φθόνος   nom m   39:24.

χρόνος   nom m   44:11;45:25;46:25.

ψυχή   nom f   38:8;39:19;40:11;41:21;45:28;47:9,27.

ψυχικός.   ⲛ̄-ⲯⲩⲭⲓⲕⲟⲥ   attr   39:16.
    ⲛ̄-ⲯⲩⲭⲓⲕⲟⲛ   attr   40:25.

ὥστε.   ⲍⲱⲥⲧⲉ   conjonction   46:20.

INDEX

DES NOMS PROPRES

NⲱⲌⲉ   38:22;39:1;41:3.

ⲤⲀⲤⲀⲃⲉⲕ   41:29.

ORBIS BIBLICUS ET ORIENTALIS